Sigmund Walter
Thomas Agethen

# Typenkompass Porsche
Personenwagen seit 1948

Typen
kompass

Sigmund Walter
Thomas Agethen

# PORSCHE

## Personenwagen
## seit 1948

Motor
buch
Verlag

Einbandgestaltung: Dos Luis Santos

Titelbilder + Bildnachweis: Thomas Agethen, fact by Joachim Schahl, Forever-young-collection by Tobias Aichele, Porsche-Archiv

Eine Haftung des Autors oder des Verlages und seiner Beauftragten für Personen-, Sach- und Vermögensschäden ist ausgeschlossen.

ISBN 3-613-02157-9



1. Auflage 2003



Lektorat: Martin Gollnick
Innengestaltung: Marit Wolff
Reproduktionen: digi bild reinhardt, 73037 Göppingen
Druck: Henkel Druck, 70435 Stuttgart
Bindung: Nething, 73235 Weilheim/Teck
Printed in Germany

# Inhalt

## Modellreihe 911



## Modellreihe Boxster



## Modellreihe 928



## Modellreihe Cayenne

# Einführung

Ferdinand Anton Ernst Porsche, genannt Ferry Porsche, der Sohn des Käfer-Erfinders, wurde 88 Jahre alt. Er schuf den Mythos Porsche und machte sich damit unsterblich. Bis zu seinem Tod am 27. März 1998 war er zehn Jahre lang der einzige noch lebende Gründer einer Automobilmarke.
Als sein Vater Ferdinand Porsche in Stuttgart im Jahr 1931 ein Konstruktionsbüro gründete, stand Ferry von Anfang an mit ihm am Reißbrett. Er war an allen Entwicklungsaufträgen beteiligt: am Porsche Typ 12, einem für Zündapp entwickelten Kleinwagen, oder am Typ 32, einer etwas größeren Version, die im Auftrag von NSU entstand. Es folgten der Mittelmotor-Grand-Prix-Wagen für die Auto Union und ein 16-Zylinder-Wagen für Daimler-Benz, der für Geschwindigkeits-Rekorde eingesetzt wurde.
Im zweiten Weltkrieg war das Konstruktionsbüro mit vielfältigen Aufträgen für die Rüstung beauftragt. Wegen des Luftkrieges in Stuttgart 1943/44 wurde das Unternehmen in die österreichischen Ortschaften Gmünd (Kärnten) und Zell am See ausgelagert und nahm die Arbeit in Stuttgart erst wieder 1950 auf. Der erste Auftrag in Gmünd war die Konstruktion eines Grand-Prix-Wagens für den italienischen Industriellen Dusio. Unter der Leitung von Ferry Porsche entstand der futuristische Cisitalia-Monoposto mit 1,5-Liter-Zwölfzylinder-Boxer, der über Kompressor-Technik bereits stolze 350 PS bei 10.500/min möglich machte.
1948 schließlich hatte Ferry Porsche mit Heinz Nordhoff, dem damaligen VW-Vorstand, einen Vertrag ausgehandelt, der ihm eine Lizenzgebühr von fünf Mark für jeden produzierten VW-Käfer, die Lieferung von VW-Teilen für den Bau eines eigenen Sportwagens und dessen Vertrieb über die VW-Händler zusicherte. Der Grundstein für die Produktion eigener Sportwagen war gelegt. Eine wohl einmalige Erfolgsstory, natürlich nicht ohne Höhen und Tiefen, begann. Kurz nach der Wiederaufnahme der Produktion in Stuttgart-Zuffenhausen trat auch Huschke von Hanstein bei Porsche ein, der zuvor seitens des Vertriebs für die Einführung des Vespa-Rollers in Deutsch-land zuständig war. Der Rennfahrer, Rennleiter, PR-Chef, Fotograf und Kameramann in Personalunion war es schließlich, der den Grundstein der Erfolge im Motorsport legte. Zudem trug er maßgeblich dazu bei, daß sich Porsche weltweit als angesehener Hersteller von Sportwagen positionieren konnte. Unter der Regie von Huschke von Hanstein gewann Porsche so bedeutende Rennen wie den Langstreckenklassiker »24 Stunden von Le Mans«. Darüber hinaus verdankte ihm das Unternehmen das Engagement so bedeutender Rennfahrer wie Stirling Moss, Wolfgang Graf Berghe von Trips und Jochen Rindt. Huschke von Hanstein gehörte schließlich zu den engsten Vertrauten Ferry Porsches und war übrigens einer von nur drei Geschäftsfreunden, denen der Firmengründer noch im hohen Alter das »Du« anbot. Nur noch Walter Glöckler und Petermax Müller wurde diese Ehre zuteil.
Blickt man heute noch auf die Familien Porsche und Piëch, wird einem bewußt, wie sehr sie in einer Zeit von »lean-management« und »outsourcing« mit dem Stammhaus verbunden waren. Da ist Ferdinand Alexander »Butzi« Porsche, der als Designer der Porsche 911 und 904 die Tradition der zeitlosen Formgebung weitergeführt hat. Inzwischen hält der älteste Sohn Ferry Porsches wieder engeren Kontakt zum Sportwagenhersteller, da seine in Zell am See ansässige Firma mit der Gestaltung des Interieurs für den neuen in Kooperation mit VW entstandenen Ge-

ländewagen beauftragt war. Sein jüngster Bruder Dr. Wolfgang hat als Manager die Geschicke des Familienunternehmens mitbestimmt und ist heute Repräsentant und Botschafter der Familie bei den entsprechenden Feierlichkeiten und PR-Auftritten. Und nicht zuletzt Ferdinand Piëch, Sohn von Louise Piëch, der Schwester Ferry Porsches, der als Vorstandsvorsitzender von VW eine Zeit lang fast vergessen ließ, daß er als Techniker und Ingenieur nicht nur die legendären Porsche-Rennwagen 908 und 917 konstruiert hatte, sondern auch der Urvater des Audi-Quattro-Konzeptes ist, das eine ganze Welle von Allrad-Konstruktionen auslöste. Seine Liebe zur Technik bekundete der geniale Ingenieur wieder auf dem Automobil-Salon in Genf im März 1999 durch die Enthüllung der Supersportwagen-Studie der jüngst zum VW-Imperium gehörenden Traditionsmarke Bentley. Der englische Sportwagen soll von einem 16-Zylinder-Triebwerk befeuert werden, das konstruktiv sehr stark an den legendären Zwölfzylinder des Typs 917 erinnert.
Am 8. Juni 1998 feierte der Sportwagenhersteller seinen 50sten Geburtstag, leider ohne den Firmengründer Ferry Porsche, der exakt an dem Tag verstarb, als das letzte luftgekühlte Boxer-Triebwerk vom Band rollte. Ein neues Zeitalter – vor allem auch in der Technik – sollte beginnen.

# Anmerkungen zu den Modellreihen

## Typ 356

Firmengründer Ferry Porsche griff 1948 auf Käfer-Technik zurück, als er die ersten Sportwagen vom Typ 356 schuf. Damit war die hecklastige Bauweise mit einem hinter der Hinterachse plazierten Motor vorgegeben; und damit auch das Triebwerk: ein luftgekühlter Vierzylinder-Boxermotor. Der erste Porsche überhaupt, der Typ 356 Nr. 1, war ein niedriger und flacher Roadster, bei dem das Triebwerk in Mittelmotor-Position vor der Hinterachse hockte. Die Technik stammte im wesentlichen vom Wolfsburger Krabbeltier; eine handgeklöppelte Aluminium-Karosserie spannte sich über den Stahlrohrrahmen. Die Kärntner Landesbaudirektion war es schließlich, die dem findigen Konstrukteur eine Einzelgenehmigung zum Betrieb seines 001-Roadsters erteilte. Im März 1951 endete die Zeit der Fahrzeuge aus Gmünd, deren Karosserie – bis auf die stählernen Stoßstangen – bis zuletzt aus Aluminium geklopft wurde. Maximal fünf Wagen pro Monat hatten das Werk verlassen – insgesamt 44 Coupés und acht Cabriolets. Die Entwicklungsarbeit der Ingenieure ging in den Produktionsjahren des Typs 356 bis 1964 in Riesenschritten weiter. Beeindruckend war dabei stets die Variantenvielzahl auf Basis des Käfer-Triebwerkes. Für die ersten 356er mit 1100, 1300 und 1500 Kubikzentimeter verwendete man sogar dasselbe Kurbelgehäuse. Es wurde für alle Varianten erst ersetzt, als der Hubraum auf 1500 und schließlich 1600 Kubikzentimeter wuchs. Die Grenzen des Vierzylinders waren schließlich mit dem Zweiliter-Carrera-Triebwerk erreicht, das über Königswellen satte 130 PS möglich machte.

## Typ 911

Bereits Mitte der fünfziger Jahre, der Typ 356 war gerade in der Blüte seiner Produktionszeit, wurde an einen Nachfolger des erfolgreichen Sportwagens gedacht – allerdings noch ohne Nachdruck. Die Porsche-Verantwortlichen diskutierten die Wunschliste der Kunden, die sich beispielsweise oftmals ein größeres Raumangebot wünschten: erstens für die hinten sitzenden Insassen und zweitens für das Gepäck. Auch bei der Motorisierung waren sich die Techniker darüber im klaren, daß früher oder später die Grenzen der luftgekühlten Vierzylinder-Boxermotoren erreicht sein würden. Zunächst aber suchte der Sportwagenhersteller ein Auto, das noch nicht definiert war. »Es war noch nicht einmal beschlossen, daß es einen Nachfolger für den 356 geben sollte«, bestätigt Butzi Porsche noch heute. Trotzdem verfolgte Firmenchef Ferry Porsche den Gedanken »Nachfolgemodell« weiter und holte sich Anregungen von außen, indem er Graf Albrecht Goertz, den Mitarbeiter des amerikanischen Designpapstes Raymond Loewy, mit Entwürfen beauftragte – ohne Erfolg. »Ein wunderschöner Goertz, aber kein Porsche«, schmetterte der Firmenlenker die Vorschläge damals ab. Ende der fünfziger Jahre wurde die Notwendigkeit eines 356-Nachfolgers aber immer dringlicher. Und am 28. Dezember 1959 war das erste relevante Plastilin-Anschauungsmodell im Originalmaßstab fertiggestellt und zeigte die nahezu endgültige 901-Lösung. Es trug die Handschrift von Ferdinand Alexander Porsche. Danach genehmigte sein Vater die Konstruktion und die Entwicklung eines neuen Porsche-Modells. Nun war das Projekt nicht mehr nur eine Frage des

Stylings. Es waren alle Abteilungen gefordert. Zusammenfassend legte Techniker Hans Tomala am 24. Januar 1962 die Typenbeschreibung des neuen Wagens dar. Demnach hatte er eine McPherson-Vorderachse mit Drehstäben, eine mittig plazierte Zahnstangenlenkung und einen luftgekühlten Sechszylinder-Boxermotor mit obenliegenden Nockenwellen und Trockensumpfschmierung. Diese Eckpunkte entpuppten sich für den Sportwagenhersteller im Laufe der Folgejahre als Glücksgriff, da die Techniker dem 901 (später 911) damit ein damals noch ungeahntes Entwicklungspotential mitgaben. Eine Erfolgstory ohne Beispiel konnte beginnen. Der 911 wurde zum erfolgreichsten Sportwagen aller Zeiten. Sämtliche Details über den Dauerbrenner sind in der »911-Bibel« *(Süddeutsche Zeitung)* »Porsche 911 – Forever young« von Tobias Aichele nachzulesen, die ebenfalls im Motorbuch-Verlag Stuttgart erschienen ist.

## Typ 914/914-6

Porsche wollte Ende der sechziger Jahre das Angebot erweitern und im Rahmen eines ohnehin bestehenden Zusammenarbeits-Vertrages mit VW einen weiteren echten Sportwagen schaffen. Die Mittelmotor-Anordnung schien dazu die besten Voraussetzungen zu bieten. Das Triebwerk lag dann aber letztendlich nicht exakt in der Mitte, sondern kurz vor der Hinterachse. Ein Zugeständnis an die Alltagstauglichkeit, da man dadurch einen größeren Fußraum realisieren konnte. Die Verbesserung der Fahreigenschaften wird aber nicht allein durch die Lage des Motors ermöglicht, vielmehr ist das Geheimnis das verringerte Trägheitsmoment des Wagens um die Hochachse.
Es gab zwei Versionen, einen Vier- und einen Sechszylinder. Während der 914 seine Leistung aus einem Serien-Aggregat mit 85 PS aus 1,8 Liter Hubraum beziehungsweise 100 PS aus zwei Liter Hubraum schöpfte, kamen 914-6-Besitzer in den Genuß von 110 PS aus 2,0 Litern und sechs Zylindern. Das Triebwerk stammte aus dem 911 T und machte knapp 210 km/h möglich. Die geringe Preisdifferenz des Sechszylinder-914 zum 911 machte ihn wenig erfolgreich, während sich der kleine Bruder ordentlich abverkaufte. Den endgültigen Durchbruch bei der Kundschaft hätte das 914-Projekt vielleicht durch motorsportliche Erfolge erfahren. Diese blieben aber weitgehend aus.

## Typ 924/944/968

Ein Porsche für nur rund 23.000 Mark sollte es werden. Der Sportwagenhersteller hatte den Wagen ursprünglich zusammen mit VW als Nachfolger des 914 entwickelt. Er debütierte 1975 mit einem vom Audi 100 stammenden Zweiliter-Triebwerk mit 125 PS. 1978 folgte der Turbo mit immerhin 170 PS, später 177 PS. 1980 war schließlich eine Kleinserie des Carrera GT mit stolzen 210 PS erhältlich. Trotz guter Abverkäufe blieb der 924 der ungeliebte Stiefsohn innerhalb der Modellpalette. An dieser Position konnte auch der 944, der auf der IAA 1981 seine Premiere feierte, wenig ändern, obwohl es sich dabei um einen Porsche mit einem selbstentwickelten Triebwerk handelte. Für den 944 folgte 1985 die Turbovariante mit anfangs 220 PS, später 250 PS. Und auch in den neunziger Jahren hielt Porsche an der Vierzylinder-Idee fest und schickte 1991 den 968 ins Rennen, zugegebenermaßen ein hervorragender Wagen, der aber nach wie vor an der notwendigen Akzeptanz litt. Mit insgesamt 340.000 verkauften Exemplaren war der Vierzylinder wirtschaftlich gesehen für den Sportwagenhersteller ein Hit.

## Typ 928

Der 928 war der beste Reisewagen, den Porsche jemals baute. Er debütierte 1978 und sollte ursprünglich den von der Kundschaft heiß geliebten 911 ablösen, allerdings ohne dessen Image zu erreichen. Trotzdem fand der Achtzylinder seinen Freundeskreis und war mit rund 64.000 verkauften Exemplaren ein wirtschaftlicher Erfolg. Was aber ist das Besondere an dem Gran Turismo? Es ist das Raumgefühl nach dem Schließen der großen trapezförmigen Türen, die Art und Weise der Aus-dem-Vollen-schöpfenden-Kraftentfaltung und der Blick über die lange Schnauze, deren Ende die sympathisch blinzelnden Scheinwerfer markieren. Alles zusammen schafft Verbundenheit. Der 928 ist ein Charakterfahrzeug, was ihn immerhin fast dreimal so lange leben ließ wie ein herkömmliches Auto. Seit seinem zwanzigsten Geburtstag würdigen 928-Freunde den Gran Turismo mit einem Club (Porsche Club 928, Wannenstraße 38, 70199 Stuttgart).

## Typ Boxster

Mit dem Boxster hoffte Porsche 1996 ein »Erlebnisauto« auf den Markt zu bringen, mit dem sich neue Käuferschichten gewinnen ließen. Den üblichen Drang bei Porsche, neue Modelle größer, schneller und teurer zu machen, hatte man beim Boxster rigoros unterdrückt. Der zweisitzige Mittelmotor-Roadster verfügte über einen 2,5 Liter großen Sechszylinder-Boxermotor, der 204 PS leistete und den Sportwagen 240 Stundenkilometer schnell machte. Zusammen mit dem für einen Porsche überaus günstigen Einstiegspreis von knapp unter 80.000 Mark reichte das aus, um den Boxster zu einem großen Erfolg für den Sportwagenhersteller aus Zuffenhausen zu machen. Die Nachfrage jedenfalls war so groß, dass Porsche in Finnland zusätzliche Produktionskapazitäten einkaufen musste. Dem Wunsch nach mehr Leistung entsprach man im Modelljahr 2000 gleich in zweifacher Hinsicht: Der Hubraum für das Basismodell wurde auf 2,7 Liter angehoben, es gab aber von Stund an auch noch einen Boxster S, der über einen 3,2-Liter-Motor verfügte und 252 PS mobilisierte. Von Anfang an in Anlehnung an legendäre Fahrzeuge wie den 356 Nummer 1 und den 550 Spyder konzipiert, blieb der Boxster auch weiterhin sehr erfolgreich. Kein Wunder also, dass man bei Porsche nur sehr behutsam daran ging, für das Modelljahr 2003 einer zweiten Generation dieses Renners Gestalt zu verleihen. Grundlegende Änderungen von Formen und/oder Proportionen jedenfalls waren ausgeschlossen, und in technischer Hinsicht belief sich die vielleicht größte Änderung auf den Einsatz der neuen VarioCam-Technik, mittels derer ein Plus bei der Leistung und ein Minus im Verbrauch erzielt werden konnte.

## Typ Cayenne

Einmal mehr Maßstäbe setzen in Sachen Leistung, Technik und Fahrverhalten wollte Porsche mit dem Cayenne, einem sportlichen Geländewagen, der in Leipzig produziert wurde und in der zweiten Hälfte des Jahres 2002 auf den Markt kam. Das Sports Utility Vehicle (SUV) war von Grund auf neu entwickelt worden, für dieses Fahrzeug gab es bei Porsche kein Vorbild und keinen Vorgänger. Wohl aber von Anfang an eine klare Vorgabe: Der neue Cayenne sollte auf jeden Fall in seinem ganzen Charakter sofort als Porsche erkenn- und erfahrbar sein. Dazu dürfte nicht zuletzt der 4,5 Liter große V8-Motor beigetragen haben, der im Cayenne S 340 PS leistete und im deutlich höherwertig ausgestatteten Turbo 450 PS. Beiden Versionen bescherte das Triebwerk herausragende Leistungsdaten, denen Porsche-typisch ein sportlich-agiles Handling, ausgezeichnete Fahrdynamik und hohe Sicherheitsreserven zur Seite gestellt wurden. Um die ausgezeichneten Fahreigenschaften auf der Straße mit hervorragender Geländetauglichkeit verbinden zu können, entwickelte Porsche eigens eine ganze Reihe technischer Highlights, darunter beispielsweise mit dem »Porsche Traction Management« eine völlig neue Generation des Vierradantriebs.

# Porsche 356 Gmünd

Am 8. Juni 1948 wurde die Einzelgenehmigung für den Porsche Sport 356/1 erteilt. Dieses Datum gilt somit als offizielle Geburtsurkunde aller Porsche-Sportwagen. Unter Verwendung von Volkswagen-Serienteilen entstand ein 585 Kilogramm schwerer Mittelmotor-Roadster mit 35 PS-Triebwerk – Getriebe und Motor wurden im Vergleich zum VW Käfer andersherum eingebaut.
Nach diesem Baumuster entstanden bei Porsche in Gmünd/Österreich jeweils 26 Coupés und Cabriolets. Zunächst wurden die Chassis und der komplette Vorbau von Porsche gefertigt, die Karosserien aus Aluminium wurden im Fremdauftrag in Wien von Tatra/Keibl, sowie beim Schweizer Karosseriebauer Beutler in Thun hergestellt.
Gegenüber dem Typ 356/1 wurde der Motor im Heck angeordnet, eine Überarbeitung der Zylinderköpfe und eine Doppelvergaseranlage ermöglichten 40 PS bei 4000 U/min, 15 PS mehr als beim serienmäßigen Volkswagen.

| | |
|---|---|
| **Baureihe:** | Porsche 356 Gmünd |
| **Modell:** | Coupé/Cabriolet |
| **Bauzeit:** | Juni 1948 – Februar 1951, Cabriolet Februar 1949 – März 1951 |
| **Motor:** | 4 Zyl. Boxer |
| **Ventile:** | Zweiventiler, zentrale Nockenwelle, V-förmig hängende Ventile |
| **ccm:** | 1068/1131 |
| **B x H:** | 73,5 x 64 mm / 75 x 64 |
| **Leistung:** | 40 PS (29 kW)/4000 U/min |
| **Drehmoment:** | nicht angegeben |
| **Gemischaufb.:** | Zwei Fallstrom-Vergaser Solex 26 VFI |
| **Getriebe:** | 4 V, 1 R |
| **Bremsen:** | Trommel v/h |
| **Höchstgeschw.:** | 140 km/h |
| **0–100 km/h:** | nicht angegeben |
| **Leergewicht:** | 780 kg, Cabriolet 800 kg |
| **Reifen/Felgen:** | 5,00 – 16 / 3,00 x 16 Zoll |
| **Radstand:** | 2100 mm |
| **Spur v/h:** | 1290/1250 mm |
| **L x B x H:** | 3880 x 1666 x 1300 mm |
| **Produktionszahl:** | 46 |

Im März 1949 wurde der 356 offiziell in Genf präsentiert.

# Porsche 356 1100

1950 wurde in Stuttgart die Produktion des Porsche 356 im Karosseriewerk Reutter aufgenommen. Anfangs lag die Tagesproduktion des 9.950,– Mark teuren Wagens bei lediglich einem Fahrzeug. Somit rollte am 21. März 1951 der 500ste Porsche aus der Produktionshalle.

Gegenüber den Gmünder Fahrzeugen verfügte der 356 nun über eine Ganzstahl-Karosserie, der Fahrgastraum wurde breiter, die Linien fließender gestaltet. Der Tankinhalt wuchs von 45 auf 52 Liter, der Verbrauch des mit 7 : 1 verdichteten Motors wurde mit neun Liter auf 100 Kilometer angegeben.

1952 erhielt der 356 ein synchronisiertes Getriebe und Trommelbremsen aus Aluminium.

| | |
|---|---|
| **Baureihe:** | Porsche 356 1100 |
| **Modell:** | Coupé/Cabriolet |
| **Bauzeit:** | März 1950 – Juli 1954 |
| **Motor:** | 4 Zyl. Boxer |
| **Ventile:** | Zweiventiler, zentrale Nockenwelle, V-förmig hängende Ventile |
| **ccm:** | 1086 |
| **B x H:** | 73,5 x 64 mm |
| **Leistung:** | 40 PS (29 kW)/4000 U/min |
| **Drehmoment:** | 72 Nm bei 3300 U/min |
| **Gemischaufb.:** | Zwei Fallstrom-Vergaser Solex 40 PBIC |
| **Getriebe:** | 4 V, 1 R |
| **Bremsen:** | Trommel v/h |
| **Höchstgeschw.:** | 140 km/h |
| **0–100 km/h:** | 24,0 sec. |
| **Leergewicht:** | 780 kg, Cabriolet 800 kg |
| **Reifen/Felgen:** | 5,00 – 16 / 3,25 x 16 Zoll |
| **Radstand:** | 2100 mm |
| **Spur v/h:** | 1290/1250 mm |
| **L x B x H:** | 3870 x 1660 x 1300 mm, ab Oktober 1952: 3950 x 1660 x 1300 mm |
| **Produktionszahl:** | 4.670 |

# Porsche 356 1300

Der 1,3 Liter-Motor wurde bei identischem Preis parallel zur 1,1 Liter-Version angeboten. Ab 1952 verfügte er serienmäßig über neue, grün unterlegte Instrumente mit Drehzahlmesser. Ein aufgewertetes Interieur mit Liegesitzen und klappbaren Rückenlehnen gehörte ebenso zum Serienumfang.
Die Karosserie wurde überarbeitet. Anstelle der »Geteilt-scheibe« kam die sogenannte »Knickscheibe« zum Einsatz. Die Stoßfänger erhielten Hörner, die Rückleuchten-Anord-nung wurde optimiert und das Cabriolet erhielt ein größeres Heckfenster im Verdeck.

| | |
|---|---|
| **Baureihe:** | Porsche 356 1300 |
| **Modell:** | Coupé/Cabriolet |
| **Bauzeit:** | Januar 1951 – September 1955 |

| | |
|---|---|
| **Motor:** | 4 Zyl. Boxer |
| **Ventile:** | Zweiventiler, zentrale Nockenwelle, V-förmig hängende Ventile |
| **ccm:** | 1286 |
| **B x H:** | 80 x 64 mm |
| **Leistung:** | 44 PS (33 kW)/4200 U/min |
| **Drehmoment:** | 82 Nm bei 2800 U/min |
| **Gemischaufb.:** | Zwei Fallstrom-Vergaser Solex 40 PBIC |
| **Getriebe:** | 4 V, 1 R |
| **Bremsen:** | Trommel v/h |
| **Höchstgeschw.:** | 145 km/h |
| **0–100 km/h:** | 22,0 sec. |
| **Leergewicht:** | 780 kg, Cabriolet 800 kg |
| **Reifen/Felgen:** | 5,00 – 16 / 3,25 x 16 Zoll |
| **Radstand:** | 2100 mm |
| **Spur v/h:** | 1290/1250 mm |
| **L x B x H:** | 3870 x 1660 x 1300 mm; ab Oktober 1952: 3950 x 1660 x 1300 mm |
| **Produktionszahl:** | 7.085 einschließlich A-Baureihe bis 1957 |

# Porsche 356 1500

Dem Wunsch nach mehr Leistung folgend präsentiert Porsche im November den 60 PS starken 1,5 Liter-Motor mit Sport-Nockenwelle und Rollen-gelagerten Pleuel. Ab Sommer 1952 wurde dieser durch eine 55 PS-Version ersetzt, was schnell zu dem Spitznamen »Dame« führte. Der Verkaufspreis 1952: Coupé DM 12.700,– und Cabriolet DM 14.700,–; für den 1954 eingeführten Speedster verlangt Porsche DM 12.000,–.

| | |
|---|---|
| **Baureihe:** | Porsche 356 1500 |
| **Modell:** | Coupé/Cabriolet/Speedster |
| **Bauzeit:** | Oktober 1951 – September 1955, Speedster ab November 1954 |
| **Motor:** | 4 Zyl. Boxer |
| **Ventile:** | Zweiventiler, zentrale Nockenwelle, V-förmig hängende Ventile |
| **ccm:** | 1488 |
| **B x H:** | 80 x 74 mm |
| **Leistung:** | 60 PS (44 kW)/4800 U/min; ab September 1952: 55 PS (40 kW)/4400 U/min |
| **Drehmoment:** | 100 Nm bei 3250 U/min; ab September 1952: 103 Nm bei 2500 U/min |
| **Gemischaufb.:** | Zwei Fallstrom-Vergaser Solex 32 PBI |
| **Getriebe:** | 4 V, 1 R |
| **Bremsen:** | Trommel v/h |
| **Höchstgeschw.:** | 160 km/h |
| **0–100 km/h:** | 17,0 sec. |
| **Leergewicht:** | 810 kg, Cabriolet 830 kg |
| **Reifen/Felgen:** | 5,00 – 16 / 3,25 x 16 Zoll |
| **Radstand:** | 2100 mm |
| **Spur v/h:** | 1290/1250 mm |
| **L x B x H:** | 3950 x 1660 x 1300 mm |
| **Produktionszahl:** | 3.869 |

# Porsche 356 America Roadster 1500 S

Der Karosseriebaubetrieb Heuer fertigte 15 Exemplare dieser für den Export bestimmten Roadster, bei dem es sich mit Ausnahme des Frontbereichs um eine eigen-ständige Karosserie handelte. Die 180 Kilogramm schwere Karosserie bestand aus Aluminium, was zu einer Gewichtsersparnis gegenüber der Limousine von 80 Kilogramm führte. In Anlehnung an den Jaguar XK 120 wurde ein aufwendiges Interieur und Armaturenbrett entworfen.

| | |
|---|---|
| **Baureihe:** | Porsche 356 1500 S |
| **Modell:** | Roadster |
| **Bauzeit:** | Januar 1952 – Januar 1953 |
| **Motor:** | 4 Zyl. Boxer |
| **Ventile:** | Zweiventiler, zentrale Nockenwelle, V-förmig hängende Ventile |
| **ccm:** | 1488 |
| **B x H:** | 80 x 74 mm |
| **Leistung:** | 70 PS (52 kW)/5000 U/min |
| **Drehmoment:** | 102 Nm bei 3500 U/min |
| **Gemischaufb.:** | Zwei Fallstrom-Vergaser Solex 40 PBIC |
| **Getriebe:** | 4 V, 1 R |
| **Bremsen:** | Trommel v/h |
| **Höchstgeschw.:** | 175 km h |
| **0–100 km/h:** | 10,5 sec. |
| **Leergewicht:** | 690 kg |
| **Reifen/Felgen:** | 5,00 – 16 / 3,25 x 16 Zoll |
| **Radstand:** | 2100 mm |
| **Spur v/h:** | 1290/1250 mm |
| **L x B x H:** | 3960 x 1660 x 1250 mm |
| **Produktionszahl:** | 15 |

# Porsche 356 1500 S

Eine erhöhte Verdichtung, größere Vergaser und ein geschmiedetes Gleitwellenlager ließen die Leistung auf 70 PS steigen. Serienmäßig führte Porsche ein patentiertes Getriebe mit Ringsynchronisierung ein. Zudem erhielt der 356 auf 280 Millimeter vergrößerte Bremstrommeln.
Das Coupé kostete bei Markteinführung DM 13.800,–.

| | |
|---|---|
| **Baureihe:** | Porsche 356 1500 S |
| **Modell:** | Coupé/Cabriolet |
| **Bauzeit:** | Juli 1952 – September 1955 |
| **Motor:** | 4 Zyl. Boxer |
| **Ventile:** | Zweiventiler, zentrale Nockenwelle, V-förmig hängende Ventile |
| **ccm:** | 1488 |
| **B x H:** | 80 x 74 mm |
| **Leistung:** | 70 PS (52 kW)/5000 U/min |
| **Drehmoment:** | 102 Nm bei 3500 U/min |
| **Gemischaufb.:** | Zwei Fallstrom-Vergaser Solex 40 PBIC |
| **Getriebe:** | 4 V, 1 R |
| **Bremsen:** | Trommel v/h |
| **Höchstgeschw.:** | 175 km/h |
| **0–100 km/h:** | 14,0 sec. |
| **Leergewicht:** | 810 kg, Cabriolet 830 kg |
| **Reifen/Felgen:** | 5,00 – 16 / 3,25 x 16 Zoll |
| **Radstand:** | 2100 mm |
| **Spur v/h:** | 1290/1250 mm |
| **L x B x H:** | 3950 x 1660 x 1300 mm |
| **Produktionszahl:** | 2.965 einschließlich Speedster |

# Porsche 356 1300 S

Anstelle aus 1,5-Liter Hubraum schöpfen die Ingenieure 1953 60 PS aus 1,3 Litern. Neu war die rollengelagerte Kurbelwelle von Hirth. Der Verkaufspreis für das Coupé betrug 1953 DM 13.500,–; das Cabriolet war DM 2.000,– teurer.

| | |
|---|---|
| **Baureihe:** | Porsche 356 1300 S |
| **Modell:** | Coupé/Cabriolet |
| **Bauzeit:** | November 1953 – August 1955 |
| **Motor:** | 4 Zyl. Boxer |
| **Ventile:** | Zweiventiler, zentrale Nockenwelle, V-förmig hängende Ventile |
| **ccm:** | 1290 |
| **B x H:** | 82,5 x 74 mm |
| **Leistung:** | 60 PS (44 kW)/5500 U/min |
| **Drehmoment:** | 88 Nm bei 3600 U/min |
| **Gemischaufb.:** | Zwei Fallstrom-Vergaser Solex 40 PBIC |
| **Getriebe:** | 4 V, 1 R |
| **Bremsen:** | Trommel v/h |
| **Höchstgeschw.:** | 160 km/h |
| **0–100 km/h:** | 15,0 sec. |
| **Leergewicht:** | 820 kg, Cabriolet 840 kg |
| **Reifen/Felgen:** | 5,00 – 16 Sport / 3,25 x 16 Zoll |
| **Radstand:** | 2100 mm |
| **Spur v/h:** | 1290/1250 mm |
| **L x B x H:** | 3950 x 1660 x 1300 mm |
| **Produktionszahl:** | 2.669 einschließlich A-Baureihe bis 1957 |

# Porsche 356 1500 S Speedster

Ursprünglich war der Speedster ausschließlich für den Export nach Amerika bestimmt, ab September war er dann doch auch in Deutschland erhältlich zum Preis von lediglich DM 13.300,– in der 70 PS-Version. Kennzeichnend für den Speedster war eine flache, an den Seiten stark gerundete Windschutzscheibe, die durch einen filigranen Rahmen gehalten wurde. Das voll versenkbare Verdeck wurde gegenüber dem Cabriolet wesentlich flacher gehalten. Bedingt durch seine niedrigere Höhe und die reduzierte Ausstattung geriet der Speedster wesentlich agiler in den Fahrleistungen als das Coupé und das Cabriolet. Insgesamt wurden 1.900 Speedster bis Herbst 1955 gebaut.

| | |
|---|---|
| **Baureihe:** | Porsche 356 1500 S |
| **Modell:** | Speedster |
| **Bauzeit:** | September 1954 – September 1955 |
| **Motor:** | 4 Zyl. Boxer |
| **Ventile:** | Zweiventiler, zentrale Nockenwelle, V-förmig hängende Ventile |
| **ccm:** | 1488 |
| **B x H:** | 80 x 74 mm |
| **Leistung:** | 70 PS (52 kW)/5000 U/min |
| **Drehmoment:** | 102 Nm bei 3500 U/min |
| **Gemischaufb.:** | Zwei Fallstrom-Vergaser Solex 40 PBIC |
| **Getriebe:** | 4 V, 1 R |
| **Bremsen:** | Trommel v/h |
| **Höchstgeschw.:** | 175 km/h |
| **0–100 km/h:** | 14,0 sec. |
| **Leergewicht:** | 760 kg |
| **Reifen/Felgen:** | 5,00 – 16 / 3,25 x 16 Zoll |
| **Radstand:** | 2100 mm |
| **Spur v/h:** | 1290/1250 mm |
| **L x B x H:** | 3950 x 1660 x 1220 mm |

# Porsche 356 A 1300

Äußeres Erkennungsmerkmal der A-Serie gegenüber der Vorgängermodelle ist die gewölbte Panorama-Windschutzscheibe. Das Fahrwerk wurde überarbeitet und neu abgestimmt, der 356 A rollte auf 15 Zoll-Felgen.
Insgesamt waren fünf Motoren lieferbar, eine 44 PS-Version (1300), zwei 60 PS-Versionen (1300 S und 1600), ein 75 PS-Motor (1600 S), sowie als Krönung ein 1,5-Liter Aggregat mit vier Nockenwellen und 100 PS.
Der 1300er war das Basismodell des Porsche-Programms, er kostete im Modelljahr 1956 DM 11.400,–; als Cabriolet DM 12.600,–.

| | |
|---|---|
| **Baureihe:** | Porsche 356 A 1300 |
| **Modell:** | Coupé/Cabriolet |
| **Bauzeit:** | Oktober 1955 – August 1957 |
| **Motor:** | 4 Zyl. Boxer |
| **Ventile:** | Zweiventiler, zentrale Nockenwelle, V-förmig hängende Ventile |
| **ccm:** | 1290 |
| **B x H:** | 74,5 x 74 mm |
| **Leistung:** | 44 PS (33 kW)/4200 U/min |
| **Drehmoment:** | 82 Nm bei 2800 U/min |
| **Gemischaufb.:** | Zwei Fallstrom-Vergaser Solex 32 PBIC |
| **Getriebe:** | 4 V, 1 R |
| **Bremsen:** | Trommel v/h |
| **Höchstgeschw.:** | 145 km/h |
| **0–100 km/h:** | 22,0 sec. |
| **Leergewicht:** | 860 kg, Cabriolet 880 kg |
| **Reifen/Felgen:** | 5,60 – 15 Sport / 4,5 x 15 Zoll |
| **Radstand:** | 2100 mm |
| **Spur v/h:** | 1306/1272 mm |
| **L x B x H:** | 3950 x 1670 x 1310 mm |

# Porsche 356 A 1300 S

Der 356 A 1300 S wurde parallel zum 356 A 1600 angeboten. Er leistete ebenso wie die hubraumstärkere Variante 60 PS und kostete DM 13.500,– in der geschlossenen Ausführung.

| | |
|---|---|
| **Baureihe:** | Porsche 356 A 1300 S |
| **Modell:** | Coupé/Cabriolet |
| **Bauzeit:** | Oktober 1955 – Sept. 1957 |
| **Motor:** | 4 Zyl. Boxer |
| **Ventile:** | Zweiventiler, zentrale Nockenwelle, V-förmig hängende Ventile |
| **ccm:** | 1290 |
| **B x H:** | 74,5 x 74 mm |
| **Leistung:** | 60 PS (44 kW)/5500 U/min |
| **Drehmoment:** | 88 Nm bei 3600 U/min |
| **Gemischaufb.:** | Zwei Fallstrom-Vergaser Solex 40 PBIC |
| **Getriebe:** | 4 V, 1 R |
| **Bremsen:** | Trommel v/h |
| **Höchstgeschw.:** | 160 km/h |
| **0–100 km/h:** | 17,0 sec. |
| **Leergewicht:** | 860 kg, Cabriolet 880 kg |
| **Reifen/Felgen:** | 5,60 – 15 Sport / 4,5 x 15 Zoll |
| **Radstand:** | 2100 mm |
| **Spur v/h:** | 1306/1272 mm |
| **L x B x H:** | 3950 x 1670 x 1310 mm |

# Porsche 356 A 1600

Der seit 1955 produzierte 356 A 1600, auch Dame genannt, bildete nach dem Wegfall der 1300er Modelle ab Herbst 1957 den Einstieg in das Porsche-Programm.
Der Verbrauch nach DIN 70030 wurde mit 7,6 l/100 km angegeben.
1957 wurde die A-Serie optisch überarbeitet. Alle Fahrzeugen erhielten neue Radkappen und die neuartigen »Teardrop«-Rückleuchten. Die Kennzeichenleuchte wanderte unter das Nummernschild, die Auspuffrohre wurden durch die Stoßstangen geführt.
Cabriolets erhielten serienmäßig Ausstellfenster, das Verdeck bot durch vergrösserte Fenster eine stark verbesserte Sicht nach hinten.

| | |
|---|---|
| **Baureihe:** | Porsche 356 A 1600 |
| **Modell:** | Coupé/Cabriolet |

| | |
|---|---|
| **Bauzeit:** | Oktober 1955 – August 1959 |
| **Motor:** | 4 Zyl. Boxer |
| **Ventile:** | Zweiventiler, zentrale Nockenwelle, V-förmig hängende Ventile |
| **ccm:** | 1582 |
| **B x H:** | 82,5 x 74 mm |
| **Leistung:** | 60 PS (44 kW)/4500 U/min |
| **Drehmoment:** | 110 Nm bei 2800 U/min |
| **Gemischaufb.:** | Zwei Doppelfallstrom-Vergaser Zenith 32 NDIX |
| **Getriebe:** | 4 V, 1 R |
| **Bremsen:** | Trommel v/h |
| **Höchstgeschw.:** | 160 km/h |
| **0–100 km/h:** | 15,0 sec. |
| **Leergewicht:** | 860 kg, Cabriolet 880 kg; ab 1958: 885 kg, Cabriolet 905 kg |
| **Reifen/Felgen:** | 5,60 – 15 Sport / 4,5 x 15 Zoll |
| **Radstand:** | 2100 mm |
| **Spur v/h:** | 1306/1272 mm |
| **L x B x H:** | 3950 x 1670 x 1310 mm |
| **Produktionszahl:** | 8.367 einschließlich Speedster |

# Porsche 356 A 1600 S

Der sowohl als Coupé, Cabriolet, Convertible D und Speedster erhältliche 356 A 1600 S rundete das Porsche-Programm nach oben ab. Das Coupé kostet im Modelljahr 1956 DM 13.800,–, das Cabriolet DM 15.000,–.
Im Karosseriewerk Reutter entstanden in Auftragsarbeit pro Tag 25 Karosserien, um die hohe Nachfrage zu decken. Im Jahr 1958 rollte der 25.000ste Porsche vom Band.

| | |
|---|---|
| **Baureihe:** | Porsche 356 A 1600 S |
| **Modell:** | Coupé/Cabriolet |
| **Bauzeit:** | Oktober 1955 – August 1959 |
| **Motor:** | 4 Zyl. Boxer |
| **Ventile:** | Zweiventiler, zentrale Nockenwelle, V-förmig hängende Ventile |
| **ccm:** | 1582 |
| **B x H:** | 82,5 x 74 mm |
| **Leistung:** | 75 PS (55 kW)/5000 U/min |
| **Drehmoment:** | 117 Nm bei 3700 U/min |
| **Gemischaufb.:** | Zwei Doppelfallstrom-Vergaser Zenith 32 NDIX |
| **Getriebe:** | 4 V, 1 R |
| **Bremsen:** | Trommel v/h |
| **Höchstgeschw.:** | 180 km/h |
| **0–100 km/h:** | 15,0 sec. |
| **Leergewicht:** | 860 kg, Cabriolet 880 kg; ab 1958: 885 kg, Cabriolet 905 kg |
| **Reifen/Felgen:** | 5,60 – 15 Sport / 4,5 x 15 Zoll |
| **Radstand:** | 2100 mm |
| **Spur v/h:** | 1306 / 1272 mm |
| **L x B x H:** | 3950 x 1670 x 1310 mm |
| **Produktionszahl:** | 5.981 einschließlich Speedster und Convertible |

# Porsche 356 A 1600 Speedster

Insgesamt wurden von der 356 A-Serie 3121 Speedster gebaut. Erkennbar sind diese Modelle an der bogenförmigen Instrumentenanordnung. Frühe A-Speedster unterscheiden sich von der ab 1957 gebauten Version durch die Stoßstangenhörner.
Der Preis des 356 A 1600 Speedsters betrug 1955 DM 11.900,–.

| | |
|---|---|
| **Baureihe:** | Porsche 356 A 1600 |
| **Modell:** | Speedster |
| **Bauzeit:** | Oktober 1955 – Juli 1958 |
| **Motor:** | 4 Zyl. Boxer |
| **Ventile:** | Zweiventiler, zentrale Nockenwelle, V-förmig hängende Ventile |
| **ccm:** | 1582 |
| **B x H:** | 82,5 x 74 mm |
| **Leistung:** | 60 PS (44 kW)/4500 U/min |
| **Drehmoment:** | 110 Nm bei 2800 U/min |
| **Gemischaufb.:** | Zwei Doppelfallstrom-Vergaser Zenith 32 NDIX |
| **Getriebe:** | 4 V, 1 R |
| **Bremsen:** | Trommel v/h |
| **Höchstgeschw.:** | 160 km/h |
| **0–100 km/h:** | 15,0 sec. |
| **Leergewicht:** | 815 kg |
| **Reifen/Felgen:** | 5,60 – 15 Sport / 4,5 x 15 Zoll |
| **Radstand:** | 2100 mm |
| **Spur v/h:** | 1306/1272 mm |
| **L x B x H:** | 3950 x 1670 x 1220 mm |

# Porsche 356 A 1600 S Speedster

Neben der äußerst seltenen Speedster-Version mit dem 1,5 Liter-Motor des Carrera stellt dieses Modell die wohl sportlichste Möglichkeit dar, einen 356 zu bewegen. Für die ab Modelljahr 1958 lieferbaren Speedster gab es auf Wunsch für 600 Mark Aufpreis ein spezielles Hardtop. Die 1600 S-Ausführung kostete bei Markteinführung DM 13.000,–.

| | |
|---|---|
| **Baureihe:** | Porsche 356 A 1600 S |
| **Modell:** | Speedster |
| **Bauzeit:** | Oktober 1955 – August 1959 |
| **Motor:** | 4 Zyl. Boxer |
| **Ventile:** | Zweiventiler, zentrale Nockenwelle, V-förmig hängende Ventile |
| **ccm:** | 1582 |
| **B x H:** | 82,5 x 74 mm |
| **Leistung:** | 75 PS (55 kW)/5000 U/min |
| **Drehmoment:** | 117 Nm bei 3700 U/min |
| **Gemischaufb.:** | Zwei Doppelfallstrom-Vergaser Zenith 32 NDIX |
| **Getriebe:** | 4 V, 1 R |
| **Bremsen:** | Trommel v/h |
| **Höchstgeschw.:** | 180 km/h |
| **0–100 km/h:** | 12,0 sec. |
| **Leergewicht:** | 815 kg |
| **Reifen/Felgen:** | 5,60 – 15 Sport / 4,5 x 15 Zoll |
| **Radstand:** | 2100 mm |
| **Spur v/h:** | 1306 / 1272 mm |
| **L x B x H:** | 3950 x 1670 x 1220 mm |

# Porsche 356 A 1500 Carrera GS/GT

Der Carrera GT war der sportlichere Ableger der de Luxe-Version.
Gegenüber den »zahmeren« Versionen verfügten die Carrera-Modelle im dritten und vierten Gang über eine längere Übersetzung. Breitere Reifen, Schalensitze, Instrumente mit geänderten Skalenwerten (Tacho bis 250km/h, Drehzahlmesser bis 8000 U/min) gehören zum Standard. Der Auspuff verlief nicht durch die Stoßfänger. Gegenüber der de-Luxe-Version ist der GT um 65 Kilogramm leichter.
Der Verbrauch des Coupés nach DIN beträgt 9,4 l/100 km.
Der Speedster in GT-Ausführung schlug 1955 mit DM 17.700,– zu Buche; für das Coupé waren DM 18.500,– fällig.

| | |
|---|---|
| **Baureihe:** | Porsche 356 A 1500 Carrera GS/GT |
| **Modell:** | Coupé / Speedster |
| **Bauzeit:** | August 1956 – August 1957 |
| **Motor:** | 4 Zyl. Boxer |
| **Ventile:** | Zweiventiler, 2 x 2 obenliegende Nockenwellen, V-förmig hängende Ventile |
| **ccm:** | 1498 |
| **B x H:** | 85 x 66 mm |
| **Leistung:** | 105 PS (77 kW)/6400 U/min |
| **Drehmoment:** | 123 Nm bei 5200 U/min |
| **Gemischaufb.:** | Zwei Doppelfallstrom-Vergaser Solex 40 PJJ-4 |
| **Getriebe:** | 4 V, 1 R |
| **Bremsen:** | Trommel v/h |
| **Höchstgeschw.:** | 200 km/h |
| **0–100 km/h:** | 11,8 sec. |
| **Leergewicht:** | 865 kg |
| **Reifen/Felgen:** | 5,90-15 Supersport / 4,5 x 15 Zoll |
| **Radstand:** | 2100 mm |
| **Spur v/h:** | 1306/1272 mm |
| **L x B x H:** | 3950 x 1670 x 1310 mm |

# Porsche 356 A 1500 Carrera GS Deluxe

Das Herzstück aller Porsche 356 Carrera-Modelle bildet der von Professor Dr. Ernst Fuhrmann entwickelte Motor mit je zwei Nockenwellen pro Zylinderkopf, der ebenfalls in dem Rennsportwagen 550 Spyder zum Einsatz kam.
Dieses nach allen Regeln der Motorkunst entworfene kurzhubige Triebwerk besteht in seinen wesentlichen Teilen aus Aluminium. Im Gegensatz zu konventionellen Motoren, bei denen die Nockenwellen über Ketten oder Zahnräder angetrieben werden, steuert hier eine zentrale Welle (die sogenannte Königswelle) die Nockenwellen. Doppelzündung, große Ventile und zwei Solex Doppelvergaser (Typ 40 PJJ-4) sorgten für eine dem Hubraum entsprechend hohe Leistung.
Eine Trockensumpfschmierung war Garant für Standfestigkeit, vor allem bei schneller Kurvenfahrt.

| | |
|---|---|
| **Baureihe:** | Porsche 356 A 1500 Carrera GS de Luxe |
| **Modell:** | Coupé / Cabriolet / Speedster / Hardtop |
| **Bauzeit:** | September 1955 – Juli 1958 |
| **Motor:** | 4 Zyl. Boxer |
| **Ventile:** | Zweiventiler, 2 x 2 obenliegende Nockenwellen, V-förmig hängende Ventile |
| **ccm:** | 1498 |
| **B x H:** | 85 x 66 mm |
| **Leistung:** | 100 PS (74 kW)/6200 U/min |
| **Drehmoment:** | 118 Nm bei 5200 U/min |
| **Gemischaufb.:** | Zwei Doppelfallstrom-Vergaser Solex 40 PJJ-4 |
| **Getriebe:** | 4 V, 1 R |
| **Bremsen:** | Trommel v/h |
| **Höchstgeschw.:** | 200 km/h |
| **0–100 km/h:** | 12,0 sec. |
| **Leergewicht:** | 930 kg, Speedster 885 kg |
| **Reifen / Felgen:** | 5,90-15 Supersport / 4,5 x 15 Zoll |
| **Radstand:** | 2100 mm |
| **Spur v/h:** | 1306/1272 mm |
| **L x B x H:** | 3950 x 1670 x 1310 mm |

# Porsche 356 A 1600 Carrera GS/GT

Der 1,6-Liter-Carrera ist mit seinem Vorgänger nahezu identisch. Lediglich die Karosserie erfuhr folgende Änderungen: zur besseren Kühlung wurden zwölf zusätzliche Belüftungsschlitze in die Haube gestanzt, die Stoßstangen-Hörner entfielen, im Innenraum wurde auf die Kurbelfenster und die Bodenteppiche verzichtet.
Der Preis für den Porsche 356 A 1600 Carrera betrug DM 18.500,–.

| | |
|---|---|
| **Baureihe:** | Porsche 356 A 1600 Carrera GS/GT |
| **Modell:** | Coupé/Cabriolet/Convertible/Hardtop |
| **Bauzeit:** | November 1957 – August 1959 |

| | |
|---|---|
| **Motor:** | 4 Zyl. Boxer |
| **Ventile:** | Zweiventiler, 2 x 2 obenliegende Nockenwellen, V-förmig hängende Ventile |
| **ccm:** | 1588 |
| **B x H:** | 87,5 x 66 mm |
| **Leistung:** | 105 PS (77 kW)/ 6500 U/min |
| **Drehmoment:** | 120 Nm bei 5000 U/min |
| **Gemischaufb.:** | Zwei Doppelfallstrom-Vergaser Solex 40 PJJ-4 |
| **Getriebe:** | 4 V, 1 R |
| **Bremsen:** | Trommel v/h |
| **Höchstgeschw.:** | 200 km/h |
| **0–100 km/h:** | 11,0 sec. |
| **Leergewicht:** | 940 kg |
| **Reifen/Felgen:** | 5,90-15 Supersport / 4,5 x 15 Zoll |
| **Radstand:** | 2100 mm |
| **Spur v/h:** | 1306/1272 mm |
| **L x B x H:** | 3950 x 1670 x 1310 mm |
| **Produktionszahl:** | etwa 700 einschließlich A-Baureihe mit 1,5 Liter Motor |

# Porsche 356 A Convertible D 1600 S

Als Nachfolger des Speedsters war das Convertible D gedacht. Insgesamt wurden von dem Schweizer Spezialisten »Drauz« 1.330 Karosserie gebaut, die auch mit dem sparsamen 60 PS Motor erhältlich waren.
Gegenüber dem Speedster zeichnen die Convertibles die höheren, verstärkten Frontscheiben aus. Kurbelfenster ersetzen die Steckfenster, die Schalensitze weichen normalen Sitzen, das Convertible erhält eine Scheibenwaschanlage.
Das Convertible D kostete in der 75 PS-Version im Jahre 1958 DM 13.750,–.

| | |
|---|---|
| **Baureihe:** | Porsche 356 A 1600 S |
| **Modell:** | Convertible D |
| **Bauzeit:** | August 1958 – August 1959 |
| **Motor:** | 4 Zyl. Boxer |
| **Ventile:** | Zweiventiler, zentrale Nockenwelle, V-förmig hängende Ventile |
| **ccm:** | 1582 |
| **B x H:** | 82,5 x 74 mm |
| **Leistung:** | 75 PS (55 kW)/5000 U/min |
| **Drehmoment:** | 117 Nm bei 3700 U/min |
| **Gemischaufb.:** | Zwei Doppelfallstrom-Vergaser Zenith 32 NDIX |
| **Getriebe:** | 4 V, 1 R |
| **Bremsen:** | Trommel v/h |
| **Höchstgeschw.:** | 180 km/h |
| **0–100 km/h:** | 15,0 sec. |
| **Leergewicht:** | 855 kg |
| **Reifen/Felgen:** | 5,60 – 15 Sport / 4,5 x 15 Zoll |
| **Radstand:** | 2100 mm |
| **Spur v/h:** | 1306 / 1272 mm |
| **L x B x H:** | 3950 x 1670 x 1290 mm |

# Porsche 356 B 1600

| | |
|---|---|
| **Baureihe:** | Porsche 356 B 1600 |
| **Modell:** | Coupé/Cabriolet |
| **Bauzeit:** | August 1959 – Juli 1963 |
| **Motor:** | 4 Zyl. Boxer |
| **Ventile:** | Zweiventiler, zentrale Nockenwelle, V-förmig hängende Ventile |
| **ccm:** | 1582 |
| **B x H:** | 82,5 x 74 mm |
| **Leistung:** | 60 PS (44 kW)/4500 U/min |
| **Drehmoment:** | 110 Nm bei 2800 U/min |
| **Gemischaufb.:** | Zwei Doppelfallstrom-Vergaser Zenith 32 NDIX |
| **Getriebe:** | 4 V, 1 R |
| **Bremsen:** | Trommel v/h |
| **Höchstgeschw.:** | 160 km/h |
| **0–100 km/h:** | 16,0 sec. |
| **Leergewicht:** | 905 kg, Cabriolet 925 kg; ab 1962 950 kg, Cabriolet 970 kg |
| **Reifen/Felgen:** | 5,60 – 15 Sport / 4,5 x 15 Zoll |
| **Radstand:** | 2100 mm |
| **Spur v/h:** | 1306/1272 mm |
| **L x B x H:** | 4010 x 1670 x 1330 mm |
| **Produktionszahl:** | 18.609 einschließl. Roadster |

1959 erscheint die B-Version des 356. Nach unten wurde das Modellprogramm durch einen zweisitzigen Roadster abgerundet, der in allen Motorvarianten lieferbar war. Wie seine Vorgänger, Speedster und Convertible D, verfügte der Roadster über ein einfacheres, ungefüttertes Verdeck, eine niedrigere Windschutzscheibe. Auf Notsitze wurde verzichtet.
Gefertigt wurde der Roadster in Auftragsarbeit bei Drauz und D'Ieteren in Belgien.
Ebenfalls neu im Programm war das ab Anfang 1960 bei Karmann in Osnabrück gebaute Hardtop-Coupé, wobei das Hardtop fest mit dem Cabriolet-Unterbau verschweißt wurde.
Signifikante Unterscheidungsmerkmale der B-Serie gegenüber der A-Serie sind vorne und hinten höhergesetzte Stoßfänger, serienmäßige Ausstellfenster beim Coupé, sowie höher gesetzte Scheinwerfer mit asymmetrischem Abblendlicht.
Der Preis für das 356 B 1600 Coupé betrug 1960 DM 12.700,–; das Cabriolet kostete DM 13.900,–; das mangels Nachfrage nur ein Jahr lieferbare Hardtop-Coupé schlug mit DM 13.300,– zu Buche.

# Porsche 356 B 1600 S

In der Ausstattung identisch, lag die 1600 S-Version mit DM 13.500,– im Jahre 1960 nur DM 800,– über dem Einstiegsmodell mit dem Spitznamen »Dame«.
Im Jahre 1961 erfuhr die B-Reihe eine Modellpflege. Das Coupé erhielt größere Front- und Heckscheiben, alle Modelle erhielten eine Motorhaube mit zwei Luftgittern und die Kofferraumhaube wurde stärker gewölbt.
Erstmals lieferbar waren gegen Aufpreis eine Klimaanlage und eine Zusatzheizung, das bisher manuelle Schiebedach wurde durch ein elektrisches ersetzt.

| | |
|---|---|
| **Baureihe:** | Porsche 356 B 1600 S |
| **Modell:** | Coupé/Cabriolet |
| **Bauzeit:** | August 1959 – Juli 1963 |
| **Motor:** | 4 Zyl. Boxer |
| **Ventile:** | Zweiventiler, zentrale Nockenwelle, V-förmig hängende Ventile |
| **ccm:** | 1582 |
| **B x H:** | 82,5 x 74 mm |
| **Leistung:** | 75 PS (55 kW)/5000 U/min |
| **Drehmoment:** | 117 Nm bei 3700 U/min |
| **Gemischaufb.:** | Zwei Doppelfallstrom-Vergaser Zenith 32 NDIX |
| **Getriebe:** | 4 V, 1 R |
| **Bremsen:** | Trommel v/h |
| **Höchstgeschw.:** | 174 km/h |
| **0–100 km/h:** | 15,0 sec. |
| **Leergewicht:** | 905 kg, Cabriolet 925 kg; ab 1962 950 kg, Cabriolet 970 kg |
| **Reifen/Felgen:** | 5,60 – 15 Sport / 4,5 x 15 Zoll |
| **Radstand:** | 2100 mm |
| **Spur v/h:** | 1306/1272 mm |
| **L x B x H:** | 4010 x 1670 x 1330 mm |
| **Produktionszahl:** | 6.637 einschließlich Roadster |

# Porsche 356 B 1600 S

Insgesamt entstanden von dem bei Karmann in Osnabrück gebauten Hardtop-Coupé, bei dem das Dach fest mit dem Unterbau des Cabriolet verschweißt war, 1.747 Fahrzeuge.
Diese Variante unterschied sich durch ihr ausgeprägtes Stufenheck vom normalen Coupé. Die großzügige Verglasung ermöglichte eine bessere Rundumsicht. Gegenüber den Hardtops der Cabriolets waren die festverschweißten Hardtops immer in Wagenfarbe lackiert. Mangels Nachfrage mußte das Modell 1962 ersatzlos aus dem Programm genommen werden.

| | |
|---|---|
| **Baureihe:** | Porsche 356 B 1600 S |
| **Modell:** | Hardtop-Coupe |
| **Bauzeit:** | August 1959 – März 1962 |
| **Motor:** | 4 Zyl. Boxer |
| **Ventile:** | Zweiventiler, zentrale Nockenwelle, V-förmig hängende Ventile |
| **ccm:** | 1582 |
| **B x H:** | 82,5 x 74 mm |
| **Leistung:** | 75 PS (55 kW)/5000 U/min |
| **Drehmoment:** | 117 Nm bei 3700 U/min |
| **Gemischaufb.:** | Zwei Doppelfallstrom-Vergaser Zenith 32 NDIX |
| **Getriebe:** | 4 V, 1 R |
| **Bremsen:** | Trommel v/h |
| **Höchstgeschw.:** | 174 km/h |
| **0–100 km/h:** | 15,0 sec. |
| **Leergewicht:** | 905 kg, Cabriolet 925 kg; ab 1962 950 kg, Cabriolet 970 kg |
| **Reifen/Felgen:** | 5,60 – 15 Sport / 4,5 x 15 Zoll |
| **Radstand:** | 2100 mm |
| **Spur v/h:** | 1306/1272 mm |
| **L x B x H:** | 4010 x 1670 x 1330 mm |

# Porsche 356 B 1600 Roadster

Die sowohl bei Drauz als auch bei D'Ieteren in Belgien hergestellten Roadster waren als Nachfolger des Speedster und Convertible D gedacht. Lieferbar in allen Motorvariationen, entstanden zwischen 1959 und 1961 insgesamt 2.853 Roadster.
Gegenüber dem Cabriolet verfügten sie über eine reduzierte Ausstattung, keine Notsitze, eine flachere Windschutzscheibe und ein einfaches, ungefüttertes Faltverdeck.
Der Preis des 60 PS starken Roadsters betrug im Sommer 1960 DM 12.650,–; zum Vergleich: das Cabriolet kostete DM 13.900,–.

| | |
|---|---|
| **Baureihe:** | Porsche 356 B 1600 |
| **Modell:** | Roadster |
| **Bauzeit:** | August 1959 – September 1961 |
| **Motor:** | 4 Zyl. Boxer |
| **Ventile:** | Zweiventiler, zentrale Nockenwelle, V-förmig hängende Ventile |
| **ccm:** | 1582 |
| **B x H:** | 82,5 x 74 mm |
| **Leistung:** | 60 PS (44 kW) / 4500 U/min |
| **Drehmoment:** | 110 Nm bei 2800 U/min |
| **Gemischaufb.:** | Zwei Doppelfallstrom-Vergaser Zenith 32 NDIX |
| **Getriebe:** | 4 V, 1 R |
| **Bremsen:** | Trommel v/h |
| **Höchstgeschw.:** | 160 km/h |
| **0–100 km/h:** | 16,0 sec. |
| **Leergewicht:** | 875 kg – 905 kg |
| **Reifen/Felgen:** | 5,60 – 15 Sport / 4,5 x 15 Zoll |
| **Radstand:** | 2100 mm |
| **Spur v/h:** | 1306/1272 mm |
| **L x B x H:** | 4010 x 1670 x 1310 mm |

# Porsche 356 B 1600 Carrera GS/GT

Bedingt durch Doppelzündung und zwei elektrische Benzinpumpen wird erstmals bei diesem Modell die Bordspannung auf 12 Volt angehoben; ebenso neu sind die auf Wunsch lieferbaren Scheibenbremsen. Lieferbar waren sowohl Coupé- als auch Cabriolet- und Roadster-Versionen. Gegenüber der Serie bestanden die Türen und Hauben des Sportlers aus Leichtmetall. Zum Serienumfang gehören darüber hinaus Schalensitze und ein Fahrwerk mit zusätzlichen Stabilisatoren.
Für den Wettbewerb ausgerüstete Fahrzeuge erhalten wahlweise anstelle des 80 Liter- Tanks einen 50- oder 100-Liter Benzintank, 5 Zoll-Felgen mit 185 HR 15 Reifen, geänderte Nockenwellen, Weber-Vergaser des Typs 46 IDM und einen Überrollbügel.

| | |
|---|---|
| **Baureihe:** | Porsche 356 B 1600 Carrera GS/GT |
| **Modell:** | Coupé/Cabriolet/Roadster |
| **Bauzeit:** | Sept. 1959 – Dezember 1961; Roadster bis September 1961 |
| **Motor:** | 4 Zyl. Boxer |
| **Ventile:** | Zweiventiler, 2 x 2 obenl. Nockenwellen,V-förmig hängende Ventile |
| **ccm:** | 1588 |
| **B x H:** | 87,5 x 66 mm |
| **Leistung:** | 115 PS (85 kW)/6500 U/min |
| **Drehmoment:** | 125 Nm bei 5500 U/min |
| **Gemischaufb.:** | Zwei Doppelfallstrom-Vergaser Solex 44 PII-4 |
| **Getriebe:** | 4 V, 1 R |
| **Bremsen:** | Trommel v/h; a.W. Scheiben v/h |
| **Höchstgeschw.:** | 200 km/h |
| **0–100 km/h:** | etwa 10,0 sec. |
| **Leergewicht:** | 845 kg |
| **Reifen/Felgen:** | 165 HR 15 / 4,5 x 15 Zoll |
| **Radstand:** | 2100 mm |
| **Spur v/h:** | 1306/1272 mm |
| **L x B x H:** | 4010 x 1670 x 1320 mm |
| **Produktionszahl:** | 40 |

# Porsche 356 B Super 90

Als erster Porsche rollte der 1959 vorgestellte Super 90 serienmäßig mit Gürtelreifen vom Band. Veränderungen am Motor: Eine auf 9,0 : 1 angehobene Verdichtung und größerer Vergaser, was stolze 90 PS möglich machte. Der Kraftstoffverbrauch betrug laut Werksangabe 8,5 Liter Super pro 100 Kilometer.
Auf Wunsch konnte der 356 Super 90 auch in einer Sportversion geordert werden. Dafür kam anstelle des serienmäßigen 50 Liter-Tanks eine große Ausführung mit 80 Litern zum Einbau. Weitere sportliche Details: ein Sperrdifferential, Sportauspuff, Radzentralverschlüsse und Schalensitze.

| | |
|---|---|
| **Baureihe:** | Porsche 356 B Super 90 |
| **Modell:** | Coupé/Cabriolet |
| **Bauzeit:** | August 1959 – Juli 1963 |
| **Motor:** | 4 Zyl. Boxer |
| **Ventile:** | Zweiventiler, zentrale Nockenwelle, V-förmig hängende Ventile |
| **ccm:** | 1582 |
| **B x H:** | 82,5 x 74 mm |
| **Leistung:** | 90 PS (66 kW)/5500 U/min |
| **Drehmoment:** | 120 Nm bei 4300 U/min |
| **Gemischaufb.:** | Zwei Doppelfallstrom-Vergaser Solex 40PJJ-4 |
| **Getriebe:** | 4 V, 1 R |
| **Bremsen:** | Trommel v/h |
| **Höchstgeschw.:** | 185 km/h |
| **0–100 km/h:** | 13,0 sec. |
| **Leergewicht:** | 935 kg, Cabriolet 955 kg |
| **Reifen/Felgen:** | 165 HR 15 / 4,5 x 15 Zoll |
| **Radstand:** | 2100 mm |
| **Spur v/h:** | 1306/1272 mm |
| **L x B x H:** | 4010 x 1670 x 1330 mm |
| **Produktionszahl:** | 5.964 einschließlich Roadster |

# Porsche 356 B Super 90 Roadster

Von den insgesamt 2.853 Roadstern war diese Variante neben der Carrera-Version die Sportlichste. Der Verkaufspreis des Roadsters betrug im Sommer 1960 DM 15.200,–. Für das Coupé verlangte Porsche DM 15.300,–, das Cabriolet kostete DM 16.500,–.

| | |
|---|---|
| **Baureihe:** | Porsche 356 B Super 90 |
| **Modell:** | Roadster |
| **Bauzeit:** | August 1959 – August 1961 |
| **Motor:** | 4 Zyl. Boxer |
| **Ventile:** | Zweiventiler, zentrale Nockenwelle, V-förmig hängende Ventile |
| **ccm:** | 1582 |
| **B x H:** | 82,5 x 74 mm |
| **Leistung:** | 90 PS (66 kW)/5500 U/min |
| **Drehmoment:** | 120 Nm bei 4300 U/min |
| **Gemischaufb.:** | Zwei Doppelfallstrom-Vergaser Solex 40PJJ-4 |
| **Getriebe:** | 4 V, 1 R |
| **Bremsen:** | Trommel v/h |
| **Höchstgeschw.:** | 185 km/h |
| **0–100 km/h:** | 13,0 sec. |
| **Leergewicht:** | 890 – 905 kg |
| **Reifen/Felgen:** | 165 HR 15 / 4,5 x 15 Zoll |
| **Radstand:** | 2100 mm |
| **Spur v/h:** | 1306/1272 mm |
| **L x B x H:** | 4010 x 1670 x 1310 mm |

# Porsche 356 B 1600 Carrera GTL-Abarth

| | |
|---|---|
| **Baureihe:** | Porsche 356 B 1600 Carrera GTL-Abarth |
| **Modell:** | Coupé |
| **Bauzeit:** | Februar 1960 – Juni 1960 |
| **Motor:** | 4 Zyl. Boxer |
| **Ventile:** | Zweiventiler, 2 x 2 obenliegende Nockenwellen, V-förmig hängende Ventile |
| **ccm:** | 1588 |
| **B x H:** | 87,5 x 66 mm |
| **Leistung:** | 115 PS (85 kW)/6500 U/min, 135 PS (99 kW)/7400 U/min |
| **Drehmoment:** | 125 Nm bei 5500 U/min |
| **Gemischaufb.:** | Zwei Doppelfallstrom-Vergaser Weber 40 DCM 2 |
| **Getriebe:** | 4 V, 1 R |
| **Bremsen:** | Trommel v/h |
| **Höchstgeschw.:** | 222 km/h |
| **0–100 km/h:** | 8,8 sec. |
| **Leergewicht:** | 778 kg |
| **Reifen/Felgen:** | 165 HR 15 / 4,5 x 15 Zoll |
| **Radstand:** | 2100 mm |
| **Spur v/h:** | 1306/1272 mm |
| **L x B x H:** | 3980 x 1670 x 1320 mm |
| **Produktionszahl:** | 20 |

Da im Zuge der Entwicklung der Typ 356 immer schwerer wurde, entschloß man sich, ein speziell für Wettbewerbszwecke entwickeltes Leichtbaucoupé in Auftrag zu geben. So entstanden bei Abarth in Turin auf Basis des 356 B Carrera GT 20 Fahrzeuge gemäß F. I. A.-Reglement.
Die Bordspannung betrug 12 Volt, um die für die Leistungsausbeute notwendige Doppelzündung zu ermöglichen. Die Fahrzeuge wurden mit einem 80 Liter fassenden Tank ausgerüstet. Privatfahrer konnten den Carrera-Abarth für DM 25.000,– ordern.
Die Leistung der Fahrzeuge betrug in der Wettbewerbs-Version bis zu 135 PS bei 7400 U/min. Die höchste Leistung wurde durch eine geänderte Auspuffanlage ermöglicht, wobei der »Sebring-Auspuff« mit 103 Phon das Nonplusultra darstellte.

# Porsche 356 B Carrera 2000 GS/GT

Gegenüber dem mit der Serie nahezu identischen GS verfügt der GT über folgende Änderungen: 110-Liter-Tank, Türen und Haubendeckel aus Leichtmetall, Scheiben aus Plexiglas, keine Rücksitze sowie fehlende Hörner an den Stoßstangen.
Lieferbar waren die GT-Versionen mit 140 PS bei 6200 U/min und 155 PS bei 6600 U/min. Hierzu wurden Nockenwellen, Vergaser und die Verdichtung geändert. Ein Sperrdifferential war serienmäßig, und konnte auf Wunsch auch in der GS-Version geliefert werden. Gegenüber der B-Version mit 1,5 und 1,6 Liter Hubraum unterscheidet sich der Zweiliter GS/GT durch die mit zwei Lüftungsgittern versehene Motorhaube und die vergrösserten Windschutzscheiben beim Coupé.

| | |
|---|---|
| **Baureihe:** | 356 B Carrera 2000 GS/GT |
| **Modell:** | Coupé / Cabriolet / Roadster |
| **Bauzeit:** | September 1961 – Juli 1963; Roadster bis Juli 1962 |
| **Motor:** | 4 Zyl. Boxer |
| **Ventile:** | Zweiventiler, 2 x 2 V-förmig hängende Ventile |
| **ccm:** | 1966 |
| **B x H:** | 92 x 74 mm |
| **Leistung:** | 130 PS (96 kW)/6200 U/min |
| **Drehmoment:** | 162 Nm bei 4600 U/min |
| **Gemischaufb.:** | Zwei Doppelfallstrom-Vergaser Solex 40PJJ-4 |
| **Getriebe:** | 4 V, 1 R |
| **Bremsen:** | Scheiben v/h |
| **Höchstgeschw.:** | 200 km/h |
| **0–100 km/h:** | 9,0 sec. |
| **Leergewicht:** | 1020 kg, Cabriolet 1040 kg |
| **Reifen/Felgen:** | 165 HR 15 / 4,5 x 15 Zoll |
| **Radstand:** | 2100 mm |
| **Spur v/h:** | 1306/1272 mm |
| **L x B x H:** | 4010 x 1670 x 1330 mm |
| **Produktionszahl:** | 310 |

# Porsche 356 1600 C

Der 356 C war der erste Porsche, der serienmäßig mit Scheibenbremsen an beiden Achsen ausgestattet war. Gegenüber der früheren, bis 1961 gebauten B-Serie wurden die Fensterflächen vergrößert und die Motorabdeckhauben erhielten zwecks besserer Kühlung ein zweigeteiltes Lüftungsgitter.
Geändert wurde ebenfalls die Fahrwerksabstimmung: Der 356 C geriet insgesamt komfortabler. Zum Preis von DM 14.950,– stellte das 75 PS-Coupé nach dem Wegfall der 60 PS-Version, genannt »Dame« die günstigste Möglichkeit dar, Porsche zu fahren. Nicht mehr produziert wurden Roadster und Hardtop-Coupé.

| | |
|---|---|
| **Baureihe:** | Porsche 356 1600 C |
| **Modell:** | Coupé/Cabriolet |
| **Bauzeit:** | August 1963 – September 1965 |
| **Motor:** | 4 Zyl. Boxer |
| **Ventile:** | Zweiventiler, zentrale Nockenwelle, V-förmig hängende Ventile |
| **ccm:** | 1582 |
| **B x H:** | 82,5 x 74 mm |
| **Leistung:** | 75 PS (55 kW)/5200 U/min |
| **Drehmoment:** | 122 Nm bei 3500 U/min |
| **Gemischaufb.:** | Zwei Doppelfallstrom-Vergaser Zenith 32 NDIX |
| **Getriebe:** | 4 V, 1 R |
| **Bremsen:** | Scheiben v/h |
| **Höchstgeschw.:** | 171 km/h |
| **0–100 km/h:** | 12,3 sec. |
| **Leergewicht:** | 935 kg |
| **Reifen/Felgen:** | 5,50 – 15 Sport / 4,5 x 15 Zoll |
| **Radstand:** | 2100 mm |
| **Spur v/h:** | 1306/1272 mm |
| **L x B x H:** | 4010 x 1670 x 1330 mm |
| **Produktionszahl:** | 13.509 |

# Porsche 356 C 1600 SC

Gegenüber dem Porsche 356 B Super 90 Modell konnten durch eine Änderung der Steuerzeiten, einer Überarbeitung der Ein- und Auslaßkanäle und einer modifizierten Kurbelwelle fünf PS mehr Leistung erzielt werden.
Im Jahr 1964 entstanden von der C-Version pro Tag 40 Fahrzeuge.
Der 356 SC kostete mit DM 16.450,– knapp DM 5.000,– weniger als der inzwischen bestellbare 911.
Der ab April 1965 angebotene, mit dem Motor des 356 SC ausgestattete Typ 912 sollte diese erhebliche Preislücke schließen. Er kostete zum Vergleich DM 16.250,–.

| | |
|---|---|
| **Baureihe:** | Porsche 356 C 1600 SC |
| **Modell:** | Coupé/Cabriolet |
| **Bauzeit:** | August 1963 – September 1965; Cabriolet August 1963 – März 1966 |
| **Motor:** | 4 Zyl. Boxer |
| **Ventile:** | Zweiventiler, zentrale Nockenwelle, V-förmig hängende Ventile |
| **ccm:** | 1582 |
| **B x H:** | 82,5 x 74 mm |
| **Leistung:** | 95 PS (70 kW)/5800 U/min |
| **Drehmoment:** | 123 Nm bei 4200 U/min |
| **Gemischaufb.:** | Zwei Doppelfallstrom-Vergaser Solex 40PJJ-4 |
| **Getriebe:** | 4 V, 1 R |
| **Bremsen:** | Scheiben v/h |
| **Höchstgeschw.:** | 186 km/h |
| **0–100 km/h:** | 10,7 sec. |
| **Leergewicht:** | 935 kg |
| **Reifen/Felgen:** | 165 HR 15 / 4,5 x 15 Zoll |
| **Radstand:** | 2100 mm |
| **Spur v/h:** | 1306 / 1272 mm |
| **L x B x H:** | 4010 x 1670 x 1330 mm |
| **Produktionszahl:** | 3.165 |

# Porsche 356 C Carrera 2000 GS

Technisch und optisch ist die C-Version mit dem 356 B 2000 GS identisch. Das Carrera 2 Coupé kostete 1963 DM 23.700,–; das Cabriolet DM 24.700,–.
Die Einstellarbeiten an den Königswellen-Triebwerken waren damals wie heute gefürchtet und konnten nur von wenigen Spezialisten vorgenommen werden.

| | |
|---|---|
| **Baureihe:** | Porsche 356 C Carrera 2000 GS |
| **Modell:** | Coupé / Cabriolet |
| **Bauzeit:** | August 1963 – Dezember 1964 |
| **Motor:** | 4 Zyl. Boxer |
| **Ventile:** | Zweiventiler, 2 x 2 obenliegende Nockenwelle, V-förmig hängende Ventile |
| **ccm:** | 1966 |
| **B x H:** | 92 x 74 mm |
| **Leistung:** | 130 PS (96 kW)/6200 U/min |
| **Drehmoment:** | 162 Nm bei 4600 U/min |
| **Gemischaufb.:** | Zwei Doppelfallstrom-Vergaser Solex 40PJJ-4 |
| **Getriebe:** | 4 V, 1 R |
| **Bremsen:** | Scheiben v/h |
| **Höchstgeschw.:** | 200 km/h |
| **0–100 km/h:** | 9,0 sec. |
| **Leergewicht:** | 1020 kg, Cabriolet 1040 kg |
| **Reifen / Felgen:** | 165 HR 15 / 4,5 x 15 Zoll |
| **Radstand:** | 2100 mm |
| **Spur v/h:** | 1306/1272 mm |
| **L x B x H:** | 4010 x 1670 x 1330 mm |
| **Produktionszahl:** | 126 |

# Porsche 550 Spyder

Im Jahr 1954 entstanden bei den Karosseriefirmen Weinsberg in Heilbronn und Wendler in Reutlingen 100 Exemplare des äußerst erfolgreichen Rennsportwagens 550 Spyder. Angeboten zum Preis von DM 24.600,– gingen die meisten Fahrzeuge in die USA.
Der Spyder verfügte über eine Außenhaut aus Leichtmetall und einen aus Rohren geschweißten Flachrahmen.
Das Verdeck konnte bei Bedarf entfernt werden, das Fassungsvermögen des Benzintanks betrug 68 Liter.
Nachfolgemodell war ab 1956 der mit einem Gitterrohrrahmen ausgerüstete 550 A. Etwa 30 Exemplare gelangten in Privathand. Die Leistung des kleinen Renners betrug 135 PS bei 7200 U/min.
Namhafte Rennfahrer wie Hans Herrmann und Herbert Linge fuhren den Silberling auf allen internationalen Rennpisten von Sieg zu Sieg.

| | |
|---|---|
| **Baureihe:** | Porsche 550 Spyder |
| **Modell:** | Spyder |
| **Bauzeit:** | August 1956 – August 1957 |
| **Motor:** | 4 Zyl. Boxer |
| **Ventile:** | Zweiventiler, 2 x 2 obenliegende Nockenwellen, V–förmig hängende Ventile |
| **ccm:** | 1498 |
| **B x H:** | 85 x 66 mm |
| **Leistung:** | 110 PS (77 kW)/6200 U/min |
| **Drehmoment:** | 130 Nm bei 5300 U/min |
| **Gemischaufb.:** | Zwei Doppelfallstrom-Vergaser Solex 40 PJJ-4 |
| **Getriebe:** | 4 V, 1 R |
| **Bremsen:** | Trommel v/h |
| **Höchstgeschw.:** | 220 km/h |
| **0–100 km/h:** | 10,0sec. |
| **Leergewicht:** | 550–590 kg |
| **Reifen/Felgen:** | VA: 5,00-16 RS / 3,5 x 16 Zoll; HA: 5,25-16 RS / 3,5 x 16 Zoll |
| **Radstand:** | 2100 mm |
| **Spur v/h:** | 1290/1250 mm |
| **Länge:** | 3600 mm |

# Porsche 904 GTS

Der 1964 hauptsächlich für Sportzwecke eingeführte Porsche 904 GTS konnte zum Preis von DM 29.700,– erworben werden. Insgesamt entstanden 100 Exemplare mit Vierzylinder-Motor, acht Exemplare mit dem damals neuen Sechszylinder und zwei Achtzylinder-Prototypen. Das zweisitzige Mittelmotor-Coupé wurde von dem Vierzylindermotor des Carrera 2 befeuert, die Leistung stieg auf 155 PS, auf Wunsch waren auch 180 PS bei 7800 U/min möglich, die Kraftübertragung übernahm ein neu konstruiertes Fünfganggetriebe.
Als Rahmen diente ein aus zwei Längsträgern bestehender Kastenrahmen, auf den die aus Kunstharz bestehende Karosserie geklebt wurde. Der Tankinhalt betrug 110 Liter, aus Gewichtsgründen fiel die Ausstattung spartanisch aus. Da die Sitze fest mit der Karosserie verbunden waren, konnten Lenkrad und Pedale in Längsrichtung verstellt werden.

| | |
|---|---|
| **Baureihe:** | Porsche 904 GTS |
| **Modell:** | Coupé |
| **Bauzeit:** | Januar 1964 – Dezember 1964 |
| **Motor:** | 4 Zyl. Boxer |
| **Ventile:** | Zweiventiler, 2 x 2 obenliegende Nockenwelle, V-förmig hängende Ventile |
| **ccm:** | 1966 |
| **B x H:** | 92 x 74 mm |
| **Leistung:** | 155 PS (124 kW)/6900 U/min |
| **Drehmoment:** | 190 Nm bei 4800 U/min |
| **Gemischaufb.:** | Zwei Doppelfallstrom-Vergaser Solex 40PJJ-4 |
| **Getriebe:** | 5 V, 1 R |
| **Bremsen:** | Scheiben v/h |
| **Höchstgeschw.:** | 252 km/h |
| **0–100 km/h:** | 5,5 sec. |
| **Leergewicht:** | 650 kg |
| **Reifen/Felgen:** | 185 HR 15 / 5,5 x 15 Zoll |
| **Radstand:** | 2300 mm |
| **Spur v/h:** | 1316/1312 mm |
| **L x B x H:** | 4090 x 1540 x 1065 mm |
| **Produktionszahl:** | 110 |

# Porsche 912

Als Einstiegsmodell unterhalb des 911 mit vereinfachter Ausstattung positioniert, verfügte der 912 über den Vierzylinder-Motor des Porsche 356 SC. Dieser wurde zur Verbesserung der Laufkultur und zur Erhöhung der Standfestigkeit von 95 auf 90 PS gedrosselt. Bei der Markteinführung kostete der Porsche 912 DM 16.250,– und war damit DM 5.650,– günstiger als der 911. Auch der Benzinverbrauch lag mit 12 bis 13 Litern pro 100 Kilometern zwei bis drei Liter unter dem des Porsche 911. Optional wurde auch für den Vierzylinder ein Fünfganggetriebe angeboten. Ab Modelljahr 1967 war die Targa-Version mit faltbarer Heckscheibe lieferbar. Später wurden der Radstand auf 2268 Millimeter verlängert, die Kotflügel leicht verbreitert und das Interieur modernisiert.

| | |
|---|---|
| **Baureihe:** | Porsche 912 |
| **Modell:** | Coupé/Targa |
| **Bauzeit:** | März 1965 – Juli 1968;<br>Targa Juli 1966 – Juli 1968 |
| **Motor:** | 4 Zyl. Boxer |
| **Ventile:** | Zweiventiler, zentrale Nockenwelle, V-förmig hängende Ventile |
| **ccm:** | 1582 |
| **B x H:** | 82,5 x 74 mm |
| **Leistung:** | 90 PS (66 kW)/5800 U/min |
| **Drehmoment:** | 120 Nm bei 3500 U/min |
| **Gemischaufb.:** | Zwei Fallstromvergaser Solex 40PII-4 |
| **Getriebe:** | 4 V, 1 R |
| **Bremsen:** | Scheiben v/h |
| **Höchstgeschw.:** | 183 km/h |
| **0–100 km/h:** | 13,8 sec. |
| **Leergewicht:** | 970 kg, Targa 995 kg |
| **Reifen/Felgen:** | 165 HR 15 / 5,5 x 15 Zoll |
| **Radstand:** | 2211 mm |
| **Spur v/h:** | 1337/1317 mm |
| **L x B x H:** | 4163 x 1610 x 1320 mm |
| **Produktionszahl:** | 27.738 Coupé; 2.562 Targa |

# Porsche 912 E

Ausschließlich für die USA gebautes Einsteigermodell mit dem Vierzylinder – Motor des VW-Porsche 914-2,0. Der Verkaufspreis betrug umgerechnet DM 27.500,–.
Die in den USA gültigen Abgasgesetze machten den Einbau einer Abgasrückführungsanlage notwendig, ansonsten war der Porsche 912 E mit dem 911 2.7 identisch.

| | |
|---|---|
| **Baureihe:** | Porsche 912 E |
| **Modell:** | Coupé |
| **Bauzeit:** | August 1975 – Juli 1976 |
| **Motor:** | 4 Zyl. Boxer |
| **Ventile:** | Zweiventiler, zentrale Nockenwelle, parallel hängende Ventile |
| **ccm:** | 1971 |
| **B x H:** | 94 x 71 mm |
| **Leistung:** | 90 PS (66 kW)/4900 U/min |
| **Drehmoment:** | 137 Nm bei 4000 U/min |
| **Gemischaufb.:** | Bosch L-Jetronic |
| **Getriebe:** | 5 V, 1 R |
| **Bremsen:** | Scheiben v/h |
| **Höchstgeschw.:** | 177 km/h |
| **0–100 km/h:** | 13,5 sec. |
| **Leergewicht:** | 1160 kg |
| **Reifen/Felgen:** | 165 HR 15 / 5,5 x 15 Zoll |
| **Radstand:** | 2271 mm |
| **Spur v/h:** | 1362/1343 mm |
| **L x B x H:** | 4291 x 1610 x 1340 mm |
| **Produktionszahl:** | 2.089 |

# Porsche 914/6

Der 914/6 war der erste Mittelmotor–Seriensportwagen Deutschlands. Mit dem Zweiliter-Vergaser-Motor des Porsche 911 T ausgestattet, bot er sogar bessere Fahrleistungen als der damals aktuelle 911 in der T-Ausführung mit 2,2 Litern Hubraum. Montiert bei Porsche, verfügte er gegenüber dem 914/4 über eine gehobenere Ausstattung. Doch die Zahlen sprachen gegen den faszinierenden Sportwagen: sein hoher Preis von anfangs DM 19.000,– und die mit DM 999,– zu geringe Preisdifferenz zum Porsche 911.

| | |
|---|---|
| **Baureihe:** | Porsche 914/ 6 |
| **Modell:** | Targa |
| **Bauzeit:** | August 1969 – Juli 1972 |
| **Motor:** | 6 Zyl. Boxer |
| **Ventile:** | Zweiventiler, 2 x 1 obenliegende Nockenwelle, V-förmig hängend |
| **ccm:** | 1991 |
| **B x H:** | 80 x 66 mm |
| **Leistung:** | 110 PS (81 kW)/ 5800 U/min |
| **Drehmoment:** | 160 Nm bei 4200 U/min |
| **Gemischaufb.:** | Zwei Weber-Dreifachvergaser 40 IDT |
| **Getriebe:** | 5 V, 1 R (ab 1970 auch Automatik) |
| **Bremsen:** | Scheiben v/h, vorne innenbelüftet |
| **Höchstgeschw.:** | 201 km/h, mit Sportomatic 196 km/h |
| **0–100 km/h:** | 9,9 sec., mit Sportomatic 11,0 sec |
| **Leergewicht:** | 940 kg |
| **Reifen/Felgen:** | 165 HR 15 / 5,5 x 15 Zoll |
| **Radstand:** | 2450 mm |
| **Spur v/h:** | 1361/1382 mm |
| **L x B x H:** | 3985 x 1650 x 1240 mm |
| **Produktionszahl:** | 3.332 Stück |

# VW-Porsche 914 / 1,7

Entstanden aus einem Kooperationsvertrag mit Volkswagen wurde der VW-Porsche 914 bei Karmann produziert. Der anfängliche Verkaufspreis betrug 1969 knapp DM 12.000,–. Dieser relativ niedrige Einstandspreis war durch die Verwendung zahlreicher Serienteile möglich; beispielsweise entstammte der 1,7 Liter-Motor dem VW 411 E, das Getriebe kam von Porsche. Der mit einem Achsanteil von 53 Prozent kurz vor der Hinterachse liegende Motor ermöglichte durch den niedrigen Schwerpunkt ein neutrales bis sportliches, im Grenzbereich aber durchaus tückisches Fahrverhalten. Das herausnehmbare Targadach ließ sich im hinteren Kofferraum verstauen, die Anordnung der Handbremse links vom Fahrer ermöglichte das Mitnehmen einer dritten Person.

| | |
|---|---|
| **Baureihe:** | VW-Porsche 914/1,7 |
| **Modell:** | Targa |
| **Bauzeit:** | August 1969 – Juli 1973 |
| **Motor:** | 4 Zyl. Boxer |
| **Ventile:** | Zweiventiler, zentrale Nockenwelle, parallel-hängend |
| **ccm:** | 1679 |
| **B x H:** | 90 x 66 mm |
| **Leistung:** | 80 PS (59 kW)/4900 U/min |
| **Drehmoment:** | 133 Nm bei 2700 U/min |
| **Gemischaufb.:** | Bosch D-Jetronic |
| **Getriebe:** | 5 V, 1 R |
| **Bremsen:** | Scheiben v/h |
| **Höchstgeschw.:** | 177 km/h |
| **0–100 km/h:** | 13,0 sec. |
| **Leergewicht:** | 900 kg |
| **Reifen/Felgen:** | 155 HR 15 / 4,5 x 15 Zoll |
| **Radstand:** | 2450 mm |
| **Spur v/h:** | 1337/1374 mm |
| **L x B x H:** | 3985 x 1650 x 1230 mm |
| **Produktionszahl:** | 65.351 Stück |

# VW-Porsche 914 / 1,8

Der 1,8 Liter-Motor wurde 1973 eingeführt. Während in Europa eine Zweivergaser-Anlage zum Einsatz kam, wurde in den USA und Kanada, den Hauptabsatzmärkten der Fahrzeuge, eine Bosch L-Jetronic eingebaut, die 76 PS (56kW) bei 4800 U/min ermöglichte. Die dortigen Abgasbestimmungen konnten dabei optimal erfüllt werden. In der Export-Version kamen ab Modelljahr 1975 Sicherheits-Stoßfänger an Bug und Heck zum Einsatz. Die Fahrzeuglänge wuchs dadurch auf 4050 Millimeter. Der VW-Porsche 914/1,8 kostete 1973 DM 14.700,–, im letzten Produktionsjahr DM 18.000,–.

| | |
|---|---|
| **Baureihe:** | VW-Porsche 914 / 1,8 |
| **Modell:** | Targa |
| **Bauzeit:** | August 1973 – Juli 1975 |
| **Motor:** | 4 Zyl. Boxer |
| **Ventile:** | Zweiventiler, zentrale Nockenwelle, parallel-hängend |
| **ccm:** | 1765 |
| **B x H:** | 93 x 66 mm |
| **Leistung:** | 85 PS (63 kW)/5000 U/min |
| **Drehmoment:** | 133 Nm bei 3400 U/min |
| **Gemischaufb.:** | Zwei Fallstromvergaser Solex 40 PDSIT |
| **Getriebe:** | 5 V, 1 R |
| **Bremsen:** | Scheiben v/h |
| **Höchstgeschw.:** | 178 km/h |
| **0–100 km/h:** | 12,0 sec. |
| **Leergewicht:** | 950 kg |
| **Reifen/Felgen:** | 165 HR 15 / 5,5 x 15 Zoll |
| **Radstand:** | 2450 mm |
| **Spur v/h:** | 1343/1383 mm |
| **L x B x H:** | 3985 x 1650 x 1230 mm |
| **Produktionszahl:** | 17.773 |

# VW-Porsche 914 / 2,0

Der 1972 eingeführte VW-Porsche 914/2,0 kostete anfangs DM 14.400,–, bei Produktionsende im August 1975 immerhin DM 19.200,–. Durch eine geänderte Fahrwerksabstimmung, neue Stoßfänger und geänderte Armaturen war der Zweiliter wertiger. Erst im letzten Modelljahr erhielt er Sicherheits-Stoßfänger.
Die USA-Ausführung leistete 88 PS (65kW) bei 4900 U/min, Kalifornien-Fahrzeuge erhielten ab Modelljahr 1975 erstmals einen Katalysator und eine Abgas-Rückführungsanlage.

| | |
|---|---|
| **Baureihe:** | VW-Porsche 914/2,0 |
| **Modell:** | Targa |
| **Bauzeit:** | August 1972 – Juli 1976 |
| **Motor:** | 4 Zyl. Boxer |
| **Ventile:** | Zweiventiler, zentrale Nockenwelle, parallel-hängend |
| **ccm:** | 1971 |
| **B x H:** | 94 x 71 mm |
| **Leistung:** | 100 PS (74 kW)/5000 U/min |
| **Drehmoment:** | 157 Nm bei 3500 U/min |
| **Gemischaufb.:** | Bosch D-Jetronic |
| **Getriebe:** | 5 V, 1 R |
| **Bremsen:** | Scheiben v/h |
| **Höchstgeschw.:** | 190 km/h |
| **0–100 km/h:** | 10,5 sec. |
| **Leergewicht:** | 970 kg |
| **Reifen/Felgen:** | 165 HR 15 / 5,5 x 15 Zoll |
| **Radstand:** | 2450 mm |
| **Spur v/h:** | 1343/1383 mm |
| **L x B x H:** | 4050 x 1650 x 1230 mm |
| **Produktionszahl:** | 32.522 |

# Porsche 916

Hingegen der Planung von 50 Exemplaren wurden von diesem Typ nur elf Exemplare gebaut. Der Grund war naheliegend: Der angestrebte Verkaufspreis von DM 35.000,– deckte die tatsächlichen Produktionskosten nicht.
Die Karosserie wartete durch signifikante Änderungen auf: Längsträger waren verstärkt und das normalerweise abnehmbare Targadach wich einer Stahlkonstruktion; breitere Kotflügel der GT-Rennversion ermöglichten die Aufnahme sieben Zoll breiter Reifen. Sowohl Motor als auch Bremsanlage entstammten dem Porsche 911 S 2,4 Liter. Einige Fahrzeuge wurden sogar mit dem 2,7 Liter-Motor des Porsche 911 Carrera RS bestückt.

| | |
|---|---|
| **Baureihe:** | Porsche 916 |
| **Modell:** | Coupé |
| **Bauzeit:** | Januar – Dezember 1972 |
| **Motor:** | 6 Zyl. Boxer |
| **Ventile:** | Zweiventiler, 2 x 1 obenliegende Nockenwelle, V-förmig hängend |
| **ccm:** | 2341 / 2687 |
| **B x H:** | 84,0 x 70,4 /90 x 70,4 mm |
| **Leistung:** | 190 PS (140kW)/6500 U/min<br>210 PS (154 kW)/6300 U/min |
| **Drehmoment:** | 216 Nm bei 5200/<br>255 Nm bei 5100 U/min |
| **Gemischaufb.:** | Mechanische Bosch Saugrohreinspritzung |
| **Getriebe:** | 5 V, 1 R |
| **Bremsen:** | Scheiben v/h jeweils innenbelüftet |
| **Höchstgeschw.:** | 230 km/h |
| **0–100 km/h:** | 7,0 sec. |
| **Leergewicht:** | 1080 kg |
| **Reifen/Felgen:** | 185/70 VR 15 / 7,0 x 15 Zoll |
| **Radstand:** | 2450 mm |
| **Spur v/h:** | 1386/1480 mm |
| **L x B x H:** | 3985 x 1740 x 1240 mm |
| **Produktionszahl:** | 11 Stück |

# Porsche 924

Das im Audiwerk Neckarsulm in Auftragsarbeit gebaute 2 + 2 sitzige Coupé hatte seinen Ursprung in einem Entwicklungsauftrag, den VW an Porsche im Jahr 1970 vergab, um einen Nachfolger für den Typ 914 zu entwickeln. Dieser Ansatz wurde von VW jedoch wieder verworfen, mit dem Resultat, daß ein gänzlich neues Fahrzeug konzipiert wurde.
Somit entstand Porsches erster Serienwagen mit Frontmotor, der in Transaxle-Bauweise angeordnet war und bereits von Beginn an über eine feuerverzinkte Karosserie verfügte. Der von Porsche überarbeitete Motor basierte auf dem Audi 100-Triebwerk. Durch einen neu entwickelten Zylinderkopf konnte die Leistung auf 125 PS gesteigert werden. Für die USA, den wichtigsten Absatzmarkt, wurden 115 PS (85 kW) genannt und die Höchstgeschwindigkeit mit 185 km/h angegeben.
Durch die Verwendung zahlreicher Bauteile aus dem VW/Audi Konzern konnte der 924 mit DM 23.000,– im Jahr 1975 rund DM 10.000,– unter dem Porsche 911 angeboten werden. Bei Produktionseinstellung im Jahr 1985 war er mit DM 34.650,– sogar mehr als DM 34.000,– billiger als der damals aktuelle 911 Carrera.

| | |
|---|---|
| **Baureihe:** | Porsche 924 |
| **Modell:** | Kombi-Coupé |
| **Bauzeit:** | August 1975 – Juli 1985 |
| **Motor:** | 4 Zyl. Reihe |
| **Ventile:** | Zweiventiler, obenliegende Nockenwelle, hängende Ventile |
| **ccm:** | 1984 |
| **B x H:** | 86,5 x 84,4 mm |
| **Leistung:** | 125 PS (92 kW)/5800 U/min |
| **Drehmoment:** | 162 Nm bei 3500 U/min |
| **Gemischaufb.:** | Bosch K-Jetronic |
| **Getriebe:** | 4 V, 1 R, ab 1980 5 V, 1 R, a.W. Dreigangautomatik |
| **Bremsen:** | Scheiben v, Trommel h |
| **Höchstgeschw.:** | 204 km/h |
| **0–100 km/h:** | 10,5 sec. |
| **Leergewicht:** | 1080 kg, ab Aug. 1978 1130 kg |
| **Reifen/Felgen:** | 165 HR 14 / 5,5 x 14 Zoll |
| **Radstand:** | 2400 mm |
| **Spur v/h:** | 1418/1372 mm |
| **L x B x H:** | 4213 x 1685 x 1270 mm |
| **Produktionszahl:** | 121.191 |

# Porsche 924 Turbo

Im Gegensatz zu den Sauger-Triebwerken wurden die Turbo-Motoren komplett bei Porsche montiert. Eine verstärkte Bremsanlage mit erhöhtem Kühlbedarf machte den Einsatz von 15 Zoll-Felgen notwendig. Kühlschlitze im Bug zur Versorgung des Turboladers mit Kühlluft waren die markantenoptischen Merkmale des aufgeladenen 924. Der Benzinverbrauch betrug nach DIN 9 Liter, ab August 1980 wuchs der Kraftstofftank in der Deutschlandversion von 62 auf 80 Liter. In der USA-Version war der Wagen mit lediglich 145 PS (107 kW) erhältlich. Bei Markteinführung 1979 kostete der Wagen DM 39.480,–, im Jahre 1982 DM 44.200,–. Da der Porsche 924 Turbo mit dem inzwischen neu eingeführten Porsche 944 konkurrierte, wurde er 1982 aus dem Programm genommen.

| | |
|---|---|
| **Baureihe:** | Porsche 924 Turbo |
| **Modell:** | Kombi-Coupé |
| **Bauzeit:** | August 1978 – Oktober 1983 |
| **Motor:** | 4 Zyl. Reihe |
| **Ventile:** | Zweiventiler, obenliegende Nockenwelle, hängende Ventile |
| **ccm:** | 1984 |
| **B x H:** | 86,5 x 84,4 mm |
| **Leistung:** | 170 PS (125 kW)/5500 U/min; ab Aug. 1980 177 PS (130 kW) |
| **Drehmoment:** | 240 Nm bei 3400 U/min, ab Aug. 1980: 245 Nm bei 3500 U/min |
| **Gemischaufb.:** | Bosch K-Jetronic, KKK-Abgasturbolader |
| **Getriebe:** | 5 V, 1 R |
| **Bremsen:** | Scheiben v/h |
| **Höchstgeschw.:** | 225 km/h; ab Aug. 1980: 230 km/h |
| **0–100 km/h:** | 8,0 sec.; ab Aug. 1980: 7,5 sec. |
| **Leergewicht:** | 1180 kg, USA-Version 1280 kg |
| **Reifen/Felgen:** | 185/70 VR 15 / 6 x 15 Zoll |
| **Radstand:** | 2400 mm |
| **Spur v/h:** | 1418/1392 mm |
| **L x B x H:** | 4213 x 1685 x 1270 mm |
| **Produktionszahl:** | 12.666 |

# Porsche 924 Carrera GT

Auf der IAA 1979 in Frankfurt präsentierte Porsche die Wettbewerbsversion des 924 Turbo. Durch Verzicht auf Komfort konnte eine Gewichtsreduzierung um bis zu 150 Kilogramm erreicht werden.
Die Leistungssteigerung wurde unter anderem durch den Einbau eines Ladeluftkühlers möglich. Eine speziell belüftete Bremsanlage sowie ein gegenüber dem 924 Turbo verändertes Sportfahrwerk in Verbindung mit Karosserie-Modifikationen waren die wichtigsten Änderungen dieses knapp DM 50.000,– teuren Sportlers, der heute eine gesuchte Rarität darstellt.

| | |
|---|---|
| **Baureihe:** | Porsche 924 Carrera GT |
| **Modell:** | Kombi-Coupé |
| **Bauzeit:** | August 1979 – Juli 1980 |
| **Motor:** | 4 Zyl. Reihe |
| **Ventile:** | Zweiventiler, obenliegende Nockenwelle, hängende Ventile |
| **ccm:** | 1984 |
| **B x H:** | 86,5 x 84,4 mm |
| **Leistung:** | 210 PS (154 kW)/6000 U/min |
| **Drehmoment:** | 269 Nm bei 3000 U/min |
| **Gemischaufb.:** | Bosch K-Jetronic, KKK-Abgasturbolader, Ladeluftkühler |
| **Getriebe:** | 5 V, 1 R |
| **Bremsen:** | Scheiben v/h jeweils innenbelüftet |
| **Höchstgeschw.:** | 240 km/h |
| **0–100 km/h:** | 6,9 sec. |
| **Leergewicht:** | 1180 kg |
| **Reifen/Felgen:** | 215/60 VR 15 / 7 x 15 Zoll |
| **Radstand:** | 2400 mm |
| **Spur v/h:** | 1477/1476 mm |
| **L x B x H:** | 4320 x 1735 x 1270 mm |
| **Produktionszahl:** | 406 |

# Porsche 924 Carrera GTS

Beim 924 Carrera GTS handelte es sich um das zur Homologation gebaute Wettbewerbsmodell. Eine Einzelzulassung für die Straße war möglich. Der für die Gruppe 4 konzipierte Rennwagen schlug mit rund DM 110.000,– zu Buche. Die Bremsanlage entstammte aus dem 911 Turbo; durch Einbau von Aluminiumguß-Schräglenkern, einem speziell abgestimmtem Sportfahrwerk und aufgrund des Verzichtes auf Dämmaterialien konnte eine Gewichtsreduzierung von rund 60 Kilogramm gegenüber der Basisversion erreicht werden.

| | |
|---|---|
| **Baureihe:** | Porsche 924 Carrera GTS |
| **Modell:** | Kombi-Coupé |
| **Bauzeit:** | 1980 |
| **Motor:** | 4 Zyl. Reihe |
| **Ventile:** | Zweiventiler, obenliegende Nockenwelle, hängende Ventile |
| **ccm:** | 1984 |
| **B x H:** | 86,5 x 84,4 mm |
| **Leistung:** | 245 PS (180 kW)/6250 U/min |
| **Drehmoment:** | 335 Nm bei 3000 U/min |
| **Gemischaufb.:** | Bosch K-Jetronic, KKK-Abgasturbolader, Ladeluftkühler |
| **Getriebe:** | 5 V, 1 R |
| **Bremsen:** | Scheiben v/h jeweils innenbelüftet |
| **Höchstgeschw.:** | 250 km/h |
| **0–100 km/h:** | 6,2 sec. |
| **Leergewicht:** | 1121 kg |
| **Reifen/Felgen:** | 215/60 VR 15 / 7 x 15 Zoll |
| **Radstand:** | 2400 mm |
| **Spur v/h:** | 1475/1481 mm |
| **L x B x H:** | 4240 x 1735 x 1270 mm |
| **Produktionszahl:** | 59 |

# Porsche 924 S

Das Einsteigermodell war bei Markteinführung 1985 knapp DM 42.000,– teuer. Der Porsche 924 S verfügte über den Motor sowie Fahrwerksteile des 944. Ohne Leistungsverlust konnte der auf Normalbenzin ausgelegte Wagen auch mit Katalysator geordert werden. Bei einem cW-Wert von 0,33 benötigte der 924 S bei Tempo 120 km/h laut Werksangabe lediglich 8,1 l/100 km.
Die Leistungssteigerung ab August 1987 bewirkte eine Umstellung auf bleifreies Superbenzin. Der Fahrzeugpreis stieg bis zur Einstellung des Modells im Frühjahr 1988 auf DM 50.000,– an.

| | |
|---|---|
| **Baureihe:** | Porsche 924 S |
| **Modell:** | Kombi-Coupé |
| **Bauzeit:** | August 1985 – Juli 1988 |
| **Motor:** | 4 Zyl. Reihe |
| **Ventile:** | Zweiventiler, obenliegende Nockenwelle, hängende Ventile |
| **ccm:** | 2479 |
| **B x H:** | 100 x 78,9 mm |
| **Leistung:** | 150 PS (110 kW)/5800 U/min; ab Aug. 1987 160 PS (118 kW) |
| **Drehmoment:** | 195 Nm bei 3000 U/min |
| **Gemischaufb.:** | Bosch L-Jetronic |
| **Getriebe:** | 5 V, 1 R |
| **Bremsen:** | Scheiben v/h innenbelüftet |
| **Höchstgeschw.:** | 217 km/h; ab Aug. 1987: 222 km/h |
| **0–100 km/h:** | 8,5 sec.; ab Aug. 1987: 8,2 sec. |
| **Leergewicht:** | 1180 kg |
| **Reifen/Felgen:** | 195/65 VR 15 / 6 x 15 Zoll |
| **Radstand:** | 2400 mm |
| **Spur v/h:** | 1477/1372 mm |
| **L x B x H:** | 4213 x 1685 x 1275 mm |
| **Produktionszahl:** | 16.669 |

# Porsche 944

Der Porsche 944 wurde 1981 auf der IAA in Frank-furt präsentiert. Wie der 924 wird auch der 944 im Audi Werk Neckarsulm gebaut.In Anlehnung an die Karosserieform des 924 Carrera GT verfügte er über Kotflügelverbreiterungen aus Stahl sowie einen 2,5 Liter-Vierzylindermotor, der aus dem Achtzylinder-Triebwerk des 928 abgeleitet wurde. Wie alle Porsche mit Frontmotor verfügt er über ein Transaxle-Fahrwerk; vorne und hinten kommen innenbelüftete Scheibenbremsen zum Einsatz. Im Zuge der Modellpflege im Jahr 1985 erhielt der 944 einen von 66 auf 80 Liter vergrößerten Tank, im Drittelmix verbraucht er nach DIN 9 Liter Super. Auf Wunsch ist er mit Katalysator lieferbar. Die Instrumente wurden denen des 928 angepaßt, das Armaturenbrett neu geordnet und die Sitzposition optimiert Die Katalysatorversion für USA und Kanada leistete 150 PS. Diese »saubere« Variante wurde im Jahr 1985 auch in Deutschland angeboten; im Jahr 1988 leistete die Katalysatorversion dann 160 PS. Bei der Einführung im Januar 1982 kostete der 944 DM 38.900,–.

| | |
|---|---|
| **Baureihe:** | Porsche 944 |
| **Modell:** | Kombi-Coupé |
| **Bauzeit:** | August 1981 – Juli 1988, ab 1987 mit Kat. |
| **Motor:** | 4 Zyl. Reihe |
| **Ventile:** | Zweiventiler, obenliegende Nockenwelle, hängende Ventile |
| **ccm:** | 2479 |
| **B x H:** | 100 x 78,9 mm |
| **Leistung:** | 163 PS (120 kW)/5800 U/min; mit Katalysator 160 PS (118 kW) bei 5900 U/min |
| **Drehmoment:** | 205 Nm bei 3000 U/min; mit Kat. 210 Nm bei 4500 U/min |
| **Gemischaufb.:** | Bosch L-Jetronic |
| **Getriebe:** | 5 V, 1 R |
| **Bremsen:** | Scheiben innenbelüftet; ab 1987 a.W ABS |
| **Höchstgeschw.:** | 220 km/h; mit Kat. 218 km/h |
| **0–100 km/h:** | 8,4 sec., mit Automatik 9,6 sec. |
| **Leergewicht:** | 1180 kg, ab 1985 1210 kg |
| **Reifen/Felgen:** | VA: 185/70 VR 15 / 7 x 15 Zoll HA: 205/55 VR 16 / 7 x 16 Zoll |
| **Radstand:** | 2400 mm |
| **Spur v/h:** | 1452/1451 mm, ab 1985: 1477/1451 |
| **L x B x H:** | 4200 x 1735 x 1275 mm |
| **Produktionszahl:** | 106.000 |

# Porsche 944 Turbo

Das Triebwerk des Porsche 944 Turbo ist das erste, das mit nahezu identischen Leistungsdaten sowohl mit als auch ohne Katalysator angeboten werden konnte. Erstmals wurde er bei dem 24 Stunden Rennen in Ohio/USA eingesetzt, wo er seine Zuverlässigkeit bewies und mit großem Vorsprung gewann.
Populär wurde er dann durch den 944 Turbo-Cup, der von 1986 an in Deutschland ausgetragen wurde. Durch Veränderung der Heck- und Bugpartie konnte der Luftwiderstand auf einen cW-Wert von 0,33 gesenkt werden. Vierkolben-Scheibenbremsen an der Vorderachse mit spezieller Kühlung, größere Stabilisatoren vorne und hinten, sowie eine straffere Dämpferabstimmung sind die fahrwerkstechnischen Neuerungen des Turbo.

| | |
|---|---|
| **Baureihe:** | Porsche 944 Turbo |
| **Modell:** | Kombi-Coupé |
| **Bauzeit:** | Februar 1986 – Dezember 1989 |
| **Motor:** | 4 Zyl. Reihe |
| **Ventile:** | Zweiventiler, obenliegende Nockenwelle, hängende Ventile |
| **ccm:** | 2479 |
| **B x H:** | 100 x 78,9 mm |
| **Leistung:** | 220 PS (162 kW)/6000 U/min |
| **Drehmoment:** | 330 Nm bei 3500 U/min |
| **Gemischaufb.:** | Bosch Motronic, KKK-Abgasturbolader, Ladeluftkühler |
| **Getriebe:** | 5 V, 1 R |
| **Bremsen:** | Scheiben v/h jeweils innenbelüftet; ab 1986 a.W. ABS |
| **Höchstgeschw.:** | 245 km/h |
| **0–100 km/h:** | 6,3 sec. |
| **Leergewicht:** | 1280 kg |
| **Reifen/Felgen:** | VA: 205/55 VR 16 / 7 x 16 Zoll<br>HA: 225/50 VR 16 / 8 x 16 Zoll |
| **Radstand:** | 2400 mm |
| **Spur v/h:** | 1477/1451 |
| **L x B x H:** | 4230 x 1735 x 1275 mm |
| **Produktionszahl:** | 19.096 |

# Porsche 944 S

Der Vierventil-Motor des 944 S fand seinen Ursprung im 928 S. Zylinderkopf, Nockenwellen und Ventile konnten quasi aus dem Regal übernommen werden. Gegenüber dem Zweiventiler wuchs die Leistung um 27 Prozent, das Drehmoment konnte um 21 Prozent gesteigert werden. Im Modellprogramm zwischen dem Zweiventiler, von dem er sich optisch mit Ausnahme des Schriftzuges nicht unterschied, und dem Turbo angesiedelt, kostete der ausschließlich mit Katalysator lieferbare 944 S im Jahre 1987 DM 61.355,–.

| | |
|---|---|
| **Baureihe:** | Porsche 944 S |
| **Modell:** | Kombi-Coupé |
| **Bauzeit:** | August 1986 – Juli 1988 |
| **Motor:** | 4 Zyl. Reihe |
| **Ventile:** | Vierventiler, zwei obenliegende Nockenwellen, hängende Ventile |
| **ccm:** | 2479 |
| **B x H:** | 100 x 78,9 mm |
| **Leistung:** | 190 PS (140 kW)/6000 U/min |
| **Drehmoment:** | 230 Nm bei 4300 U/min |
| **Gemischaufb.:** | Bosch L-Jetronic |
| **Getriebe:** | 5 V, 1 R |
| **Bremsen:** | Scheiben v/h jeweils innenbelüftet, a.W. ABS |
| **Höchstgeschw.:** | 228 km/h |
| **0–100 km/h:** | 7,9 sec. |
| **Leergewicht:** | 1280 kg |
| **Reifen/Felgen:** | 195/65 VR 15 / 7 x 15 Zoll |
| **Radstand:** | 2400 mm |
| **Spur v/h:** | 1477/1451 |
| **L x B x H:** | 4230 x 1735 x 1275 mm |
| **Produktionszahl:** | 12.728 |

# Porsche 944 2,7

Ab Modelljahr 1989 wuchs der Hubraum auf 2,7 Liter, was sowohl zu einem verbesserten Drehmoment, als auch zu einer deutlichen Verbesserung der Elastizitätswerte führte. Der Preis betrug DM 61.900,–.
1989 entfiel der Porsche 944 2,7 zugunsten des 944 S2.

| | |
|---|---|
| **Baureihe:** | Porsche 944 2,7 |
| **Modell:** | Kombi-Coupé |
| **Bauzeit:** | August 1988 – Juli 1989 |
| **Motor:** | 4 Zyl. Reihe |
| **Ventile:** | Zweiventiler, obenliegende Nockenwelle, hängende Ventile |
| **ccm:** | 2681 |
| **B x H:** | 104 x 78,9 mm |
| **Leistung:** | 165 PS (121 kW)/5800 U/min |
| **Drehmoment:** | 225 Nm bei 3000 U/min |
| **Gemischaufb.:** | Bosch Motronic ML3 |
| **Getriebe:** | 5 V, 1 R |
| **Bremsen:** | Scheiben v/h jeweils innenbelüftet, a.W. ABS |
| **Höchstgeschw.:** | 220 km / h |
| **0–100 km/h:** | 8,4 sec. |
| **Leergewicht:** | 1290 kg |
| **Reifen/Felgen:** | VA: 205/55 VR 16 / 7 x 16 Zoll<br>HA: 225/50 VR 16 / 8 x 16 Zoll |
| **Radstand:** | 2400 mm |
| **Spur v/h:** | 1477/1451 |
| **L x B x H:** | 4200 x 1735 x 1275 mm |

# Porsche 944 Turbo/S

Ab Herbst 1987 bot Porsche eine zunächst auf 1000 Exemplare limitierte Sonderserie des Turbo an, den Turbo S. Die Fahrwerksabstimmung geriet noch sportlicher als in der 220 PS – Version, der Leistungszuwachs beträgt 30 PS. Ein verstärktes Getriebe sowie eine vom Porsche 928 S4 entnommene Bremsanlage kommen zum Einsatz.
Im Gegensatz zu den Cup-Fahrzeugen verfügte die DM 99.800,– teure Straßenversion über eine gehobene Ausstattung, mit Klimaanlage, ABS und Servolenkung.
Aufgrund der regen Nachfrage wurde der Turbo im Jahr 1988 aufgewertet. Er erhielt den Motor des Turbo S sowie dessen verstärktes Fünfganggetriebe. Ebenso wird die Innenausstattung aufgewertet. Der Porsche 944 Turbo kostete bei Markteinführung im September 1988 DM 95.075,–. Ab Frühjahr 1991 wurde er aus dem Programm genommen.

| | |
|---|---|
| **Baureihe:** | Porsche 944 Turbo/S |
| **Modell:** | Kombi-Coupé |
| **Bauzeit:** | August 1987 – April 1991 |
| **Motor:** | 4 Zyl. Reihe |
| **Ventile:** | Zweiventiler, obenliegende Nockenwelle, hängende Ventile |
| **ccm:** | 2479 |
| **B x H:** | 100 x 78,9 mm |
| **Leistung:** | 250 PS (162 kW)/6000 U/min |
| **Drehmoment:** | 350 Nm bei 4000 U/min |
| **Gemischaufb.:** | Bosch Motronic, KKK-Abgasturbolader, Ladeluftkühler |
| **Getriebe:** | 5 V, 1 R |
| **Bremsen:** | Scheiben v/h jeweils innenbelüftet; ABS ab 1988 Serie |
| **Höchstgeschw.:** | 260 km / h |
| **0–100 km/h:** | 5,7 sec. |
| **Leergewicht:** | 1350 kg |
| **Reifen/Felgen:** | VA: 225/55 ZR 16 / 7 x 16 Zoll<br>HA: 245/50 ZR 16 / 9 x 16 Zoll |
| **Radstand:** | 2400 mm |
| **Spur v/h:** | 1457/1436 |
| **L x B x H:** | 4230 x 1735 x 1275 mm |
| **Produktionszahl:** | 4.219 zzgl. 4.984 Turbo S |

# Porsche 944 S2

Der Dreiliter-Vierzylindermotor des S2 zählt zu den leistungsstärksten und hubraumgrößten Aggregaten seiner Klasse. Der Benzinverbrauch wurde laut Herstellerangaben im Drittel mit 9,7 Litern Superbenzin pro 100 Kilometern angegeben. Eine automatische Klopfregelung nahm bei Verwendung minderwertigen Benzins automatisch die Leistung zurück.
Optisch unterschied sich der 944 S2 mit Ausnahme der Felgen nicht vom 944 Turbo. Auch entsprachen Bremsen, Fahrwerk und Getriebe der Turbo- Ausführung, ebenso wie das Interieur. Der 944 S2 kostete bei Markteinführung im Herbst 1988 knapp DM 75.000,–.

| | |
|---|---|
| **Baureihe:** | Porsche 944 S2 |
| **Modell:** | Kombi-Coupé |
| **Bauzeit:** | August 1988 – Juli 1991 |
| **Motor:** | 4 Zyl. Reihe |
| **Ventile:** | Vierventiler, zwei obenliegende Nockenwellen, hängende Ventile |
| **ccm:** | 2990 |
| **B x H:** | 104 x 88 mm |
| **Leistung:** | 211 PS (155 kW)/5800 U/min |
| **Drehmoment:** | 280 Nm bei 4000 U/min |
| **Gemischaufb.:** | Bosch Motronic M 2.1 |
| **Getriebe:** | 5 V, 1 R |
| **Bremsen:** | Scheiben v/h jeweils innenbelüftet; ABS ab 1989 Serie |
| **Höchstgeschw.:** | 240 km/h |
| **0–100 km/h:** | 6,9 sec. |
| **Leergewicht:** | 1310 kg |
| **Reifen/Felgen:** | VA: 205/55 ZR 16 / 7x16 Zoll<br>HA: 225/50 ZR 16 / 8x16 Zoll |
| **Radstand:** | 2400 mm |
| **Spur v/h:** | 1477/1451 |
| **L x B x H:** | 4230 x 1735 x 1275 mm |
| **Produktionszahl:** | 8.885 |

# Porsche 944 S2 Cabriolet

Das im Frühjahr 1989 eingeführte 944 S2 Cabriolet wurde in Auftragsarbeit bei der Firma ASC (American Sunroof Corporation) in Weinsberg montiert, deren Fertigungskapazität auf 3.000 Stück pro Jahr beschränkt war. Bei der Präsentation 1987 mit DM 76.700,– veranschlagt, kam das 944 Cabriolet in der S2-Ausführung im Frühjahr 1989 zur Auslieferung. Im Sommer 1990 kostete es DM 93.260,–.

| | |
|---|---|
| **Baureihe:** | Porsche 944 S2 Cabriolet |
| **Modell:** | Cabriolet |
| **Bauzeit:** | Februar 1989 – Juli 1991 |
| **Motor:** | 4 Zyl. Reihe |
| **Ventile:** | Vierventiler, zwei obenliegende Nockenwellen, hängende Ventile |
| **ccm:** | 2990 |
| **B x H:** | 104 x 88 mm |
| **Leistung:** | 211 PS (155 kW)/5800 U/min |
| **Drehmoment:** | 280 Nm bei 4000 U/min |
| **Gemischaufb.:** | Bosch Motronic M 2.1 |
| **Getriebe:** | 5 V, 1 R |
| **Bremsen:** | Scheiben v/h jeweils innenbelüftet; ABS |
| **Höchstgeschw.:** | 240 km/h |
| **0–100 km/h:** | 6,9 sec. |
| **Leergewicht:** | 1390 kg |
| **Reifen/Felgen:** | VA: 205/55 ZR 16 / 7x16 Zoll<br>HA: 225/50 ZR 16 / 8x16 Zoll |
| **Radstand:** | 2400 mm |
| **Spur v/h:** | 1477/1451 |
| **L x B x H:** | 4230 x 1735 x 1275 mm |
| **Produktionszahl:** | 6.317 |

# Porsche 944 Turbo Cabriolet

Exklusives Sondermodell des Porsche 944 S2 Cabriolet mit gehobener Ausstattung, von dem insgesamt 500 Stück produziert wurden.

| | |
|---|---|
| **Baureihe:** | Porsche 944 Turbo Cabriolet |
| **Modell:** | Cabriolet |
| **Bauzeit:** | Januar 1990 – Januar 1991 |
| **Motor:** | 4 Zyl. Reihe |
| **Ventile:** | Zweiventiler, obenliegende Nockenwelle, hängende Ventile |
| **ccm:** | 2479 |
| **B x H:** | 100 x 78,9 mm |
| **Leistung:** | 250 PS (162 kW)/6000 U/min |
| **Drehmoment:** | 350 Nm bei 4000 U/min |
| **Gemischaufb.:** | Bosch Motronic, KKK-Abgasturbolader, Ladeluftkühler |
| **Getriebe:** | 5 V, 1 R |
| **Bremsen:** | Scheiben v/h jeweils innenbelüftet; ABS |
| **Höchstgeschw.:** | 260 km/h |
| **0–100 km/h:** | 5,9 sec. |
| **Leergewicht:** | 1430 kg |
| **Reifen/Felgen:** | VA: 225/55 ZR 16 / 7 x 16 Zoll<br>HA: 245/50 ZR 16 / 9 x 16 Zoll |
| **Radstand:** | 2400 mm |
| **Spur v/h:** | 1457/1436 |
| **L x B x H:** | 4230 x 1735 x 1275 mm |

# Porsche 968

Im Gegensatz zu seinem Vorgänger, dem 944, der in Neckarsulm gefertigt wurde, wird der 968 im Stammwerk Zuffenhausen gebaut.
Bei Markteinführung 1991 kostet er knapp über DM 90.000,–. Heck, Frontschürze und Klappscheinwerfer erinnerten stark an den 928. Als wichtigste technische Neuerung galt die Vario-Cam-Nockenwellensteuerung des damals mit drei Litern Hubraum größten Benzin-Vierzylindermotors der Welt. Längere Saugrohre und variable Ventilsteuerzeiten führen zu günstigen Verbrauchswerten, der Drehmomentverlauf im unteren und mittleren Drehzahlbereich erschien optimal. Zur Wahl standen ein neu entwickeltes Sechsgang-Getriebe oder die aus dem Carrera 2 bekannte Tiptronic. Bei einer auf 11,0 : 1 erhöhten Verdichtung verlangte der Motor nach Super Plus Kraftstoff. Gegenüber dem Vorgänger fiel der Tank mit 74 Litern kleiner aus. Der Verbrauch nach DIN betrug 10,3 Liter auf 100 Kilometer, die automatische Klopf-Regelung des Motors ließ bei reduzierter Leistung auch die Verwendung von Superkraftstoff zu.

| | |
|---|---|
| **Baureihe:** | Porsche 968 |
| **Modell:** | Kombi-Coupé |
| **Bauzeit:** | August 1991 – Juli 1995 |
| **Motor:** | 4 Zyl. Reihe |
| **Ventile:** | Vierventiler, zwei obenliegende Nockenwellen, elektronische Nockenwellenverstellung |
| **ccm:** | 2990 |
| **B x H:** | 104 x 88 mm |
| **Leistung:** | 240 PS (176 kW)/6200 U/min |
| **Drehmoment:** | 305 Nm bei 4100 U/min |
| **Gemischaufb.:** | Bosch Motronic |
| **Getriebe:** | 6 V, 1 R; a.W. Tiptronic |
| **Bremsen:** | Scheiben v/h jeweils innenbelüftet; ABS |
| **Höchstgeschw.:** | 252 km/h; mit Tiptronic 247 km/h |
| **0–100 km/h:** | 6,5 sec.; mit Tiptronic 7,9 sec. |
| **Leergewicht:** | 1370 kg; mit Tiptronic 1400 kg |
| **Reifen/Felgen:** | VA: 205/55 ZR 16 / 7 x 16 Zoll<br>HA: 225/50 ZR 16 / 8 x 16 Zoll |
| **Radstand:** | 2400 mm |
| **Spur v/h:** | 1472/1450 |
| **L x B x H:** | 4320 x 1735 x 1275 mm |

# Porsche 968 Cabriolet

Das sowohl mit Schaltgetriebe als auch Tiptronic ausgestattete Cabriolet wurde zeitgleich mit der geschlossenen Variante eingeführt. Wie schon das 944 S2 Cabriolet fertigte ASC in Weinsberg das 968 Cabriolet. Ein elektrisches Verdeck, sowie zwei Airbags gehörten zur Serienausstattung. Der Verbrauch des bei Markteinführung knapp DM 100.000,– teuren Wagens wurde, gemessen an der Leistung, mit bescheidenen 10,3 Litern Super auf 100 Kilometer angegeben.

| | |
|---|---|
| **Baureihe:** | Porsche 968 Cabriolet |
| **Modell:** | Cabriolet |
| **Bauzeit:** | August 1991 – Juli 1995 |
| **Motor:** | 4 Zyl. Reihe |
| **Ventile:** | Vierventiler, zwei obenliegende Nockenwellen, elektronische Nockenwellenverstellung |
| **ccm:** | 2990 |
| **B x H:** | 104 x 88 mm |
| **Leistung:** | 240 PS (176 kW)/6200 U/min |
| **Drehmoment:** | 305 Nm bei 4100 U/min |
| **Gemischaufb.:** | Bosch Motronic |
| **Getriebe:** | 6 V, 1 R; a.W. Tiptronic |
| **Bremsen:** | Scheiben v/h jeweils innenbelüftet; ABS |
| **Höchstgeschw.:** | 247 km/h |
| **0–100 km/h:** | 6,5 sec.; mit Tiptronic 7,9 sec. |
| **Leergewicht:** | 1440 kg; mit Tiptronic 1470 kg |
| **Reifen/Felgen:** | VA: 205/55 ZR 16 / 7 x 16 Zoll<br>HA: 225/50 ZR 16 / 8 x 16 Zoll |
| **Radstand:** | 2400 mm |
| **Spur v/h:** | 1472/1450 |
| **L x B x H:** | 4320 x 1735 x 1275 mm |

# Porsche 968 CS

In Preis und Ausstattung reduziert, kam der knapp DM 80.000,– teure Clubsport im Herbst 1992 auf den Markt. Er galt als Sonderangebot, zumal er mit enormen Fahrleistungen aufhorchen ließ. Gegenüber der Standardversion wird auf elektrische Hilfen für Fensterheber und Sitzverstellung verzichtet. Anstelle einer Batterie mit 63 Ah-Kapazität kam eine 36 Ah-Stromquelle zum Einbau. Die hinteren Sitze entfielen zugunsten der Schalensitze des 911 Carrera RS. Auf Wunsch konnte das Fahrzeug mit Klimaanlage, Airbag und Hubdach bestellt werden. Ein um 20 Millimeter tiefergelegtes Fahrwerk, eine direktere Servolenkung und breitere Reifen betonten den sportlichen Charakter.
Ab 1993 waren für den CS Rücksitze lieferbar. Im Modelljahr 1994 konnte der Kunde neben einem Sportpaket auch ein Komfort- und Sicherheitspaket ordern.

| | |
|---|---|
| **Baureihe:** | Porsche 968 CS |
| **Modell:** | Kombi-Coupé |
| **Bauzeit:** | Oktober 1992 – Juli 1995 |
| **Motor:** | 4 Zyl. Reihe |
| **Ventile:** | Vierventiler, zwei obenliegende Nockenwellen, elektronische Nockenwellenverstellung |
| **ccm:** | 2990 |
| **B x H:** | 104 x 88 mm |
| **Leistung:** | 240 PS (176 kW)/6200 U/min |
| **Drehmoment:** | 305 Nm bei 4100 U/min |
| **Gemischaufb.:** | Bosch Motronic |
| **Getriebe:** | 6 V, 1 R |
| **Bremsen:** | Scheiben v/h jeweils innenbelüftet; ABS |
| **Höchstgeschw.:** | 252 km/h |
| **0–100 km/h:** | 6,5 sec. |
| **Leergewicht:** | 1320 kg |
| **Reifen/Felgen:** | VA: 225/45 ZR 17 / 7,5 x 17 Zoll<br>HA: 255/40 ZR 17 / 9 x 17 Zoll |
| **Radstand:** | 2400 mm |
| **Spur v/h:** | 1472/1450 |
| **L x B x H:** | 4320 x 1735 x 1255 mm |

# Porsche 968 Turbo S

Basierend auf dem CS wurde der 968 Turbo S als Basis für den ADAC GT-Cup von der Motorsportabteilung in Weissach aufgebaut. Als Turbo RS entsprach er dem Cup-Reglement. Das Fahrzeug leistete 337 PS, das Fahrzeuggewicht wurde auf 1350 Kilogramm definiert. In der Straßenversion rollte der Wagen auf dreiteiligen Speedline-Felgen, wie sie auch im Carrera Cup zum Einsatz kamen. Zusätzliche Öffnungen auf der Motorhaube verhalfen dem Ladeluftkühler zu der nötigen Temperatur. Ein um zehn Grad verstellbarer Heckflügel führte zu einer Verbesserung des Abtriebswertes.

| | |
|---|---|
| **Baureihe:** | Porsche 968 Turbo S |
| **Modell:** | Kombi-Coupé |
| **Bauzeit:** | Januar 1993 – Dezember 1993 |
| **Motor:** | 4 Zyl. Reihe |
| **Ventile:** | Zweiventiler, zwei obenliegende Nockenwellen, elektronische Nockenwellenverstellung |
| **ccm:** | 2990 |
| **B x H:** | 104 x 88 mm |
| **Leistung:** | 305 PS (224 kW)/6200 U/min |
| **Drehmoment:** | 500 Nm bei 3000 U/min |
| **Gemischaufb.:** | Bosch Motronic, KKK-Abgasturbolader, Ladeluftkühler |
| **Getriebe:** | 6 V, 1 R |
| **Bremsen:** | Scheiben v/h jeweils innenbelüftet; ABS |
| **Höchstgeschw.:** | 280 km/h |
| **0–100 km/h:** | 5,0 sec. |
| **Leergewicht:** | 1300 kg |
| **Reifen/Felgen:** | VA: 235/40 ZR 18 / 8 x 18 Zoll, HA: 265/35 ZR 18 / 10 x 18 Zoll |
| **Radstand:** | 2400 mm |
| **Spur v/h:** | 1522/1500 |
| **L x B x H:** | 4320 x 1735 x 1235 mm |
| **Produktionszahl:** | 11 |

# Porsche 911

Der 356-Nachfolger wurde im September 1963 auf der IAA in Frankfurt zunächst als 901 präsentiert. Die Ziffernfolge mußte aber aufgrund eines Protestes von Peugeot in »911« geändert werden, was aufgrund möglicher Namensvarianten zum Glücksfall wurde.
Bis September 1964 gab es lediglich Prototypen, ab November 1964 begann die Serienproduktion.
Wie schon bei seinem Vorgänger erhielt der 911 einen luftgekühlten Boxermotor im Heck eingebaut, allerdings einen Sechszylinder. Kennzeichnend sind ein auf der Antriebswelle des Generators montiertes Gebläse zur Luftkühlung und eine Trockensumpf-Umlaufschmierung mit separatem Öltank.
Die vordere Einzelradaufhängung bestand aus Federbeinen und Querlenkern, die Hinterräder waren einzeln an Längslenkern befestigt. Serienmäßig erhielten alle Elfer eine geteilte Sicherheits-Lenksäule.
Gegenüber dem 356 betrug die Bordspannung nun 12 Volt. Neu war auch ein Ölstandanzeiger. Im Jahr seiner Präsentation kostet der 911 DM 21.900,–.

| | |
|---|---|
| **Baureihe:** | Porsche 911 |
| **Modell:** | Coupé |
| **Bauzeit:** | November 1964 – Juli 1967, als 911 L bis Juli 1968 |
| **Motor:** | 6 Zyl. Boxer |
| **Ventile:** | Zweiventiler, 2 x 1 obenliegende Nockenwellen, V-förmig hängend |
| **ccm:** | 1991 |
| **B x H:** | 82 x 66 mm |
| **Leistung:** | 130 PS (96 kW)/6100 U/min |
| **Drehmoment:** | 174 Nm bei 4200 U/min |
| **Gemischaufb.:** | Sechs Solex Überlaufvergaser 40PI; ab 1966 zwei Weber Dreifachvergaser 40 IDS 3C |
| **Getriebe:** | 5 V, 1 R |
| **Bremsen:** | Scheiben v/h |
| **Höchstgeschw.:** | 210 km/h |
| **0–100 km/h:** | 9,1 sec. |
| **Leergewicht:** | 1080 kg |
| **Reifen/Felgen:** | 165 HR 15 / 4,5 x 15 Zoll<br>911 L 5,5 X 15 Zoll |
| **Radstand:** | 2211 mm |
| **Spur v/h:** | 1367/1335 mm |
| **L x B x H:** | 4163 x 1610 x 1320 mm |
| **Produktionszahl:** | 10.723 einschließlich Targa |

# Porsche 911 Targa

Nachdem Porsche stets ein Cabriolet im Programm hatte, war auch vom Typ 911 von Anfang an eine offene Variante geplant. Der Stabilität und Sicherheit wegen entschloß man sich, das Fahrzeug mit einem Bügel zu versehen. Somit bauten die Zuffenhausener das erste Sicherheitscabriolet der Welt. Das herausnehmbare Dach in Form eines Schildes, italienisch Targa, wurde von Porsche namensgeschützt. Kennzeichnend für die frühen Targaversionen waren einfaltbare Heckscheiben. Der 911L Targa kostete 1966 DM 22.380,–.

| | |
|---|---|
| **Baureihe:** | Porsche 911 (L) |
| **Modell:** | Targa |
| **Bauzeit:** | Dezember 1966 – Juli 1967, als 911 Targa bis Juli 1968 |
| **Motor:** | 6 Zyl. Boxer |
| **Ventile:** | Zweiventiler, 2 x 1 obenliegende Nockenwellen, V-förmig hängend |
| **ccm:** | 1991 |
| **B x H:** | 82 x 66 mm |
| **Leistung:** | 130 PS (96 kW)/6100 U/min |
| **Drehmoment:** | 174 Nm bei 4200 U/min |
| **Gemischaufb.:** | Zwei Weber Dreifachvergaser 40 IDS 3C |
| **Getriebe:** | 5 V, 1 R |
| **Bremsen:** | Scheiben v/h |
| **Höchstgeschw.:** | 210 km/h |
| **0–100 km/h:** | 9,1 sec. |
| **Leergewicht:** | 1080 kg |
| **Reifen/Felgen:** | 165 HR 15 / 4,5 x 15 Zoll |
| **Radstand:** | 2211 mm |
| **Spur v/h:** | 1367/1335 mm |
| **L x B x H:** | 4163 x 1610 x 1320 mm |
| **Produktionszahl:** | 11.610 einschließlich Targa |

# Porsche 911 T

Der 1967 präsentierte 911 T war in der Ausstattung weitgehend mit der L-Version identisch. Die Leistung betrug hingegen nur 110 PS. Damit rundete der »T« lange Jahre das Porsche Programm nach unten ab. Der auf Wunsch mit Sportomatic erhältliche 911 T kostete 1967 DM 18.980,–.

| | |
|---|---|
| **Baureihe:** | Porsche 911 T |
| **Modell:** | Coupé, Targa |
| **Bauzeit:** | November 1967 – Juli 1969 |
| **Motor:** | 6 Zyl. Boxer |
| **Ventile:** | Zweiventiler, 2 x 1 obenliegende Nockenwellen, V-förmig hängend |
| **ccm:** | 1991 |
| **B x H:** | 82 x 66 mm |
| **Leistung:** | 110 PS (81 kW)/5800 U/min |
| **Drehmoment:** | 157 Nm bei 4200 U/min |
| **Gemischaufb.:** | Zwei Weber Dreifachvergaser 40 IDT P |
| **Getriebe:** | 5 V, 1 R |
| **Bremsen:** | Scheiben v/h |
| **Höchstgeschw.:** | 200 km/h |
| **0–100 km/h:** | 10,0 sec. |
| **Leergewicht:** | 1080 kg |
| **Reifen/Felgen:** | 165 HR 15 / 4,5 x 15 Zoll |
| **Radstand:** | 2211 mm |
| **Spur v/h:** | 1367/1335 mm |
| **L x B x H:** | 4163 x 1610 x 1320 mm |
| **Produktionszahl:** | 5.736 einschließlich Targa |

# Porsche 911 E

Neu im Programm war ab Sommer 1968 der Porsche 911E, wobei E für Einspritzung stand. Im Modelljahr 1969 wurde der Radstand auf 2268 Millimeter verlängert. Die Kotflügelränder aller 911 wurden leicht ausgestellt, die vorderen Blinkergläser vergrößert, das Hupengitter verkleinert.
Zur weiteren Optimierung der Gewichtsverteilung wurden in die vorderen Kotflügel je zwei Batterien à 35 Ah eingebaut.
Die Targa-Version wurde nur noch mit fester Heckscheibe mit integrierten Heizdrähten geliefert.
Der Grundpreis für das 911E Coupé betrug im August 1968 DM 24.700,–.

| | |
|---|---|
| **Baureihe:** | Porsche 911 E |
| **Modell:** | Coupé, Targa |
| **Bauzeit:** | August 1968 – Juli 1969 |
| **Motor:** | 6 Zyl. Boxer |
| **Ventile:** | Zweiventiler, 2 x 1 obenliegende Nockenwellen, V-förmig hängend |
| **ccm:** | 1991 |
| **B x H:** | 82 x 66 mm |
| **Leistung:** | 140 PS (103 kW)/6500 U/min |
| **Drehmoment:** | 175 Nm bei 4500 U/min; ab Aug. 1968: 182 Nm/ 5500 U/min |
| **Gemischaufb.:** | Mechanische Bosch Saugrohr-einspritzung |
| **Getriebe:** | 5 V, 1 R |
| **Bremsen:** | Scheiben v/h, innenbelüftet |
| **Höchstgeschw.:** | 215 km/h |
| **0–100 km/h:** | 9,0 sec. |
| **Leergewicht:** | 1030 kg |
| **Reifen/Felgen:** | 185/70 VR 15 / 6 x 15 Zoll |
| **Radstand:** | 2268 mm |
| **Spur v/h:** | 1374/1355 mm |
| **L x B x H:** | 4163 x 1610 x 1320 mm |
| **Produktionszahl:** | 2.826 einschließlich Targa |

# Porsche 911 S

Dem Wunsch der Kundschaft nach mehr Leistung folgend präsentierte Porsche ab August 1966 den 911 S. Geänderte Nockenwellen, eine auf 9,8 : 1 erhöhte Verdichtung, vergrößerte Ein- und Außlaßventile sorgen für eine Leistungssteigerung von 30 PS gegenüber der Basisversion 911/911 L. Das Fahrwerk wurde vorne und hinten mit querliegenden Stabilisatoren verstärkt, geschmiedete Fuchs-Leichtmetallfelgen wurden zum äußeren Erkennungsmerkmal des 911 S. Ab 1968 erhielten alle Porsche serienmäßig 5,5 Zoll breiten Felgen. Der Preis des 911 S im Jahr 1968: DM 24.480,– für das Coupé, der Targa war DM 1.400,– teurer.

| | |
|---|---|
| **Baureihe:** | Porsche 911 S |
| **Modell:** | Coupé, Targa |
| **Bauzeit:** | 8/66–7/69, Targa 12/66–7/69 |
| **Motor:** | 6 Zyl. Boxer |
| **Ventile:** | Zweiventiler, 2 x 1 obenliegende Nockenwellen, V-förmig hängend |
| **ccm:** | 1991 |
| **B x H:** | 82 x 66 mm |
| **Leistung:** | 160 PS (118 kW)/6600 U/min; ab 8/68 170 PS (125kW)/ 6800 U/min |
| **Drehmoment:** | 179 Nm bei 5200 U/min; ab 8/68 182 Nm/5500 U/min |
| **Gemischaufb.:** | Zwei Weber Dreifachvergaser |
| **Getriebe:** | 5 V, 1 R |
| **Bremsen:** | Scheiben v/h, innenbelüftet |
| **Höchstgeschw.:** | 225 km/h |
| **0–100 km/h:** | 7,6 sec. |
| **Leergewicht:** | 1030 kg |
| **Reifen/Felgen:** | 165 VR 15 / 5,5 x 15 Zoll |
| **Radstand:** | 2211 mm, 2268 mm |
| **Spur v/h:** | 1367/1339 mm, ab Aug. 1968: 1374/1355 mm |
| **L x B x H:** | 4163 x 1610 x 1320 mm |
| **Produktionszahl:** | 2.950 mit Vergaser; 2.106 mit Einspritzung inklusive Targa |

# Porsche 911 T 2.2

Während die Varianten 911E und S schon im Sommer 1968 auf Einspritzung umgerüstet wurden, sorgten für die Gemischaufbereitung der T-Version weiterhin zwei Weber Dreifachvergaser. Neu waren an allen Varianten die innenbelüfteten Scheibenbremsen.
Der Preis für das 911-Basismodell belief sich im Herbst 1969 auf DM 19.481,–.

| | |
|---|---|
| **Baureihe:** | Porsche 911 T 2.2 |
| **Modell:** | Coupé, Targa |
| **Bauzeit:** | August 1969 – Juli 1971 |
| **Motor:** | 6 Zyl. Boxer |
| **Ventile:** | Zweiventiler, 2 x 1 obenliegende Nockenwellen, V-förmig hängend |
| **ccm:** | 2195 |
| **B x H:** | 84 x 66 mm |
| **Leistung:** | 125 PS (92 kW)/5800 U/min |
| **Drehmoment:** | 176 Nm bei 4200 U/min |
| **Gemischaufb.:** | Zwei Weber Dreifachvergaser 40 IDT 3C |
| **Getriebe:** | 5 V, 1 R |
| **Bremsen:** | Scheiben v/h, innenbelüftet |
| **Höchstgeschw.:** | 200 km/h |
| **0–100 km/h:** | 9,5 sec. |
| **Leergewicht:** | 1020 kg |
| **Reifen/Felgen:** | 165 HR 15 / 5,5 x 15 Zoll |
| **Radstand:** | 2271 mm |
| **Spur v/h:** | 1362/1343 mm |
| **L x B x H:** | 4163 x 1610 x 1320 mm |
| **Produktionszahl:** | 15.082 einschließlich Targa |

# Porsche 911 E 2.2

Bedingt durch Leichtbau-Maßnahmen und den Einsatz von Magnesium für das Kurbelgehäuse konnte das Leergewicht des Fahrzeuges gegenüber dem Vorgängermodell um 60 Kilogramm gesenkt werden. In Punkto Ausstattung war der 911E mit dem 911S identisch, konnte aber auf Wunsch, wie der 911T mit Viergang-Sportautomatik geliefert werden. Der Kaufpreis für den 911E betrug im Frühjahr 1970 DM 26.980,–, die Targa-Version kostete DM 2.200,– Aufpreis.

| | |
|---|---|
| **Baureihe:** | Porsche 911 E 2.2 |
| **Modell:** | Coupé, Targa |
| **Bauzeit:** | August 1969 – Juli 1971 |
| **Motor:** | 6 Zyl. Boxer |
| **Ventile:** | Zweiventiler, 2 x 1 obenliegende Nockenwellen, V-förmig hängend |
| **ccm:** | 2195 |
| **B x H:** | 84 x 66 mm |
| **Leistung:** | 155 PS (114 kW)/6200 U/min |
| **Drehmoment:** | 191 Nm bei 4500 U/min |
| **Gemischaufb.:** | Mechanische Bosch Saugrohreinspritzung |
| **Getriebe:** | 5 V, 1 R |
| **Bremsen:** | Scheiben v/h, innenbelüftet |
| **Höchstgeschw.:** | 215 km/h |
| **0–100 km/h:** | 9,0 sec. |
| **Leergewicht:** | 1020 kg |
| **Reifen/Felgen:** | 185/70 VR 15 / 6 x 15 Zoll |
| **Radstand:** | 2268 mm |
| **Spur v/h:** | 1374/1355 mm |
| **L x B x H:** | 4163 x 1610 x 1320 mm |
| **Produktionszahl:** | 4.972 einschließlich Targa |

# Porsche 911 S 2.2

Im Gegensatz zu den Varianten 911T und E war der 911S ausschließlich mit Schaltgetriebe lieferbar. Erkennbar war der S an den serienmäßigen »Fuchs«-Leichtmetallfelgen mit den polierten Felgensternen.
Der Preis für den 911S 2.2 betrug im Januar 1970 DM 28.750,– für das Coupé; für die Targa-Version mußten DM 31.080,– berappt werden.

| | |
|---|---|
| **Baureihe:** | Porsche 911 S 2.2 |
| **Modell:** | Coupé, Targa |
| **Bauzeit:** | August 1969 – Juli 1971 |
| **Motor:** | 6 Zyl. Boxer |
| **Ventile:** | Zweiventiler, 2 x 1 obenliegende Nockenwellen, V-förmig hängend |
| **ccm:** | 2195 |
| **B x H:** | 84 x 66 mm |
| **Leistung:** | 180 PS (132 kW)/6500 U/min |
| **Drehmoment:** | 199 Nm bei 5200 U/min |
| **Gemischaufb.:** | Mechanische Bosch Saugrohr-einspritzung |
| **Getriebe:** | 5 V, 1 R |
| **Bremsen:** | Scheiben v/h, innenbelüftet |
| **Höchstgeschw.:** | 225 km/h |
| **0–100 km/h:** | 7,0 sec. |
| **Leergewicht:** | 1020 kg |
| **Reifen/Felgen:** | 185/70 VR 15 / 6 x 15 Zoll |
| **Radstand:** | 2268 mm |
| **Spur v/h:** | 1374/1355 mm |
| **L x B x H:** | 4163 x 1610 x 1320 mm |
| **Produktionszahl:** | 4.691 einschließlich Targa |

# Porsche 911 T 2.4

| | |
|---|---|
| **Baureihe:** | Porsche 911 T 2.4 |
| **Modell:** | Coupé, Targa |
| **Bauzeit:** | August 1971 – Juli 1973 |
| **Motor:** | 6 Zyl. Boxer |
| **Ventile:** | Zweiventiler, 2 x 1 obenliegende Nockenwellen, V-förmig hängend |
| **ccm:** | 2341 |
| **B x H:** | 84 x 70,4 mm |
| **Leistung:** | 130 PS (96 kW)/5600 U/min |
| **Drehmoment:** | 196 Nm bei 4000 U/min |
| **Gemischaufb.:** | Solex-Zenith Vergaser 40TIN |
| **Getriebe:** | 5 V, 1 R |
| **Bremsen:** | Scheiben v/h, innenbelüftet |
| **Höchstgeschw.:** | 205 km/h |
| **0–100 km/h:** | 9,5 sec. |
| **Leergewicht:** | 1050 kg |
| **Reifen/Felgen:** | 165 HR 15 / 5,5 x 15 Zoll |
| **Radstand:** | 2271 mm |
| **Spur v/h:** | 1362/1343 mm |
| **L x B x H:** | 4227 x 1610 x 1320 mm |
| **Produktionszahl:** | 13.687 einschließlich Targa |

Ab Modelljahr 1972 wurde der Hubraum auf 2341 ccm angehoben. Gleichzeitig wurden bedingt durch die in den USA herrschenden verschärften Abgasgesetze alle Porsche für den Betrieb mit Normalbenzin ausgelegt. Aus Gründen der Gewichtsverteilung wurde der Öltank vor dem rechten Hinterrad untergebracht. Aus diesem Grund wurde in der Karosserie im rechten, hinteren Kotflügel eine Öleinfüllklappe untergebracht, die oftmals zu Verwechslungen mit dem Benzineinfüllstutzen führte.
Geändert wurde darüber hinaus das Schaltschema des Getriebes. Der erste Gang war nun nicht mehr hinten links, sondern links vorne, der Rückwärtsgang rechts hinten.
Im Jahr 1972 erhielten alle 911-Versionen einen Frontspoiler.
Der Preis für das 911T Coupé des Modelljahrs 1972 betrug DM 22.980,–.

# Porsche 911 E 2.4

Im Gegensatz zu den geschmiedeten Fuchs-Leichtmetallrädern des 911S wurde der 911E mit den wenig geliebten 6 Zoll breiten Druckgußrädern von ATS ausgeliefert.
Das 911E Coupé kostete im Herbst 1971 DM 25.980,–.

| | |
|---|---|
| **Baureihe:** | Porsche 911 E 2.4 |
| **Modell:** | Coupé, Targa |
| **Bauzeit:** | August 1971 – Juli 1973 |
| **Motor:** | 6 Zyl. Boxer |
| **Ventile:** | Zweiventiler, 2 x 1 obenliegende Nockenwellen, V-förmig hängend |
| **ccm:** | 2341 |
| **B x H:** | 84 x 70,4 mm |
| **Leistung:** | 165 PS (121 kW)/6200 U/min |
| **Drehmoment:** | 206 Nm bei 4500 U/min |
| **Gemischaufb.:** | Mechanische Bosch Saugrohr-einspritzung |
| **Getriebe:** | 5 V, 1 R |
| **Bremsen:** | Scheiben v/h, innenbelüftet |
| **Höchstgeschw.:** | 215 km/h |
| **0–100 km/h:** | 7,9 sec. |
| **Leergewicht:** | 1075 kg |
| **Reifen/Felgen:** | 185/70 VR 15 / 6 x 15 Zoll |
| **Radstand:** | 2271 mm |
| **Spur v/h:** | 1372/1354 mm |
| **L x B x H:** | 4227 x 1610 x 1320 mm |
| **Produktionszahl:** | 4.406 einschließlich Targa |

# Porsche 911 S 2.4

| | |
|---|---|
| **Baureihe:** | Porsche 911 S 2.4 |
| **Modell:** | Coupé, Targa |
| **Bauzeit:** | August 1971 – Juli 1973 |
| **Motor:** | 6 Zyl. Boxer |
| **Ventile:** | Zweiventiler, 2 x 1 obenliegende Nockenwellen, V-förmig hängend |
| **ccm:** | 2341 |
| **B x H:** | 84 x 70,4 mm |
| **Leistung:** | 190 PS (140 kW)/6500 U/min |
| **Drehmoment:** | 216 Nm bei 5200 U/min |
| **Gemischaufb.:** | Mechanische Bosch Saugrohreinspritzung |
| **Getriebe:** | 5 V, 1 R |
| **Bremsen:** | Scheiben v/h, innenbelüftet |
| **Höchstgeschw.:** | 225 km/h |
| **0–100 km/h:** | 7,0 sec. |
| **Leergewicht:** | 1020 kg |
| **Reifen/Felgen:** | 185/70 VR 15 / 6 x 15 Zoll |
| **Radstand:** | 2271 mm |
| **Spur v/h:** | 1372/1355 mm |
| **L x B x H:** | 4147 x 1610 x 1320 mm |
| **Produktionszahl:** | 5.094 |

Gegenüber der 2,2 Liter-Variante wird der Radstand um drei Millimeter verlängert.
Der 911E und der 911S verfügten serienmäßig über 6 Zoll breite Felgen, das Format der Reifen betrug 185/70 VR 15. Auf Wunsch war ein 85 Liter fassender Kraftstofftank anstelle des 62 Liter Serientanks erhältlich.
Die USA-Version wird ab dem Modelljahr 1973 serienmäßig mit einer K-Jetronic-Einspritzung versehen. Zu Beginn des Modelljahres 1972 kostete der 911S in der geschlossenen Version DM 30.680,–.

# Porsche 911 Carrera RS 2.7

Neu im Programm ist der auf dem Pariser Autosalon 1972 vorgestellte 911 (Carrera RS 2.7). Auffälliges Merkmal sind der Motorraumdeckel mit Spoiler, auch »Entenbürzel« genannt, und die hinteren Kotflügelverbreiterungen. Darüber hinaus handelte es sich um den ersten Porsche mit vorne und hinten verschieden breiten Felgen. Sein Leergewicht in der Serienausstattung betrug 1075 Kilogramm. Der Leichtbau für den Kundensport wog 975 Kilogramm und die nur 55 mal gebaute Rennversion mit 2,8-Liter Motor, Überrollbügel, vom Porsche 917 entnommener Bremsanlage und an den 930 erinnernde Kotflügelver-breiterungen, lediglich 900kg. Das Carrera RS Coupé war ab Sommer 1972 für DM 34.000,– erhältlich.

| | |
|---|---|
| **Baureihe:** | Porsche 911 Carrera RS 2.7 |
| **Modell:** | Coupé |
| **Bauzeit:** | August 1972 – Juli 1973 |
| **Motor:** | 6 Zyl. Boxer |
| **Ventile:** | Zweiventiler, 2 x 1 obenliegende Nockenwellen, V-förmig hängend |
| **ccm:** | 2687 |
| **B x H:** | 90 x 70,4 mm |
| **Leistung:** | 210 PS (154 kW)/6300 U/min |
| **Drehmoment:** | 255 Nm bei 5100 U/min |
| **Gemischaufb.:** | Mechanische Bosch Saugrohreinspritzung |
| **Getriebe:** | 5 V, 1 R |
| **Bremsen:** | Scheiben v/h, innenbelüftet |
| **Höchstgeschw.:** | 240 km/h |
| **0–100 km/h:** | 6,3sec. |
| **Leergewicht:** | 1075 kg |
| **Reifen/Felgen:** | VA: 185/70 VR 15 / 6 x 15 Zoll<br>HA: 215/60 VR 15 / 7 x 15 Zoll |
| **Radstand:** | 2271 mm |
| **Spur v/h:** | 1372/1394 mm |
| **L x B x H:** | 4147 x 1652 x 1380 mm |
| **Produktionszahl:** | 1.590 |

# Porsche 911 2.7

Bedingt durch die in den USA herrschenden Crash-Bestimmungen erhielten alle Porsche Fahrzeuge ab Sommer 1973 sogenannte Sicherheitsstoßstangen, im Volksmund auch Faltenbalg genannt.
Neben den in Wagenfarbe lackierten Stoßfängern aus Leichtmetall mit integrierten Frontblinkern erhielten die Fahrzeuge eine dunkelrote Blende mit Porsche-Schriftzug zwischen die Rückleuchten.
Fahrzeuge des Modelljahres 1974 wurden mit der Bosch K-Jetronic ausgestattet. Durch den serienmäßigen Einbau von Dreipunkt-Sicherheitsgurten und neuen Sitzen mit integrierten, starren Kopfstützen wurde die Sicherheit der Fahrzeuge weiter verbessert.
Die Preise stiegen: Für das Coupé mußten ab Frühjahr 1977 DM 37.300,– (im Modelljahr 1974 zum Vergleich DM 26.980,–) bezahlt werden.

| | |
|---|---|
| **Baureihe:** | Porsche 911 2.7 |
| **Modell:** | Coupé, Targa |
| **Bauzeit:** | August 1973 – Juli 1977 |
| **Motor:** | 6 Zyl. Boxer |
| **Ventile:** | Zweiventiler, 2 x 1 obenliegende Nockenwellen, V-förmig hängend |
| **ccm:** | 2687 |
| **B x H:** | 90 x 70,4 mm |
| **Leistung:** | 150 PS (110 kW)/5700 U/min, ab Aug. 1975: 165 PS (121kW)/5800 U/min |
| **Drehmoment:** | 235 Nm bei 3800 U/min; ab Aug. 1975 235 Nm bei 4000 U/min |
| **Gemischaufb.:** | Bosch K-Jetronic |
| **Getriebe:** | 5 V, 1 R |
| **Bremsen:** | Scheiben v/h, innenbelüftet |
| **Höchstgeschw.:** | 210 km/h |
| **0–100 km/h:** | 8,5 sec.; ab Aug. 1975 7,8 sec |
| **Leergewicht:** | 1075 kg; ab Aug. 1975: 1120 kg |
| **Reifen/Felgen:** | 185/70 VR 15 / 6 x 15 Zoll |
| **Radstand:** | 2271 mm |
| **Spur v/h:** | 1360/1342 mm; ab Aug. 1975: 1369/1354 mm |
| **L x B x H:** | 4291 x 1610 x 1320 mm |
| **Produktionszahl:** | 27.537 einschließlich Targa |

# Porsche 911 S 2.7

Der 911S wurde parallel zur normalen Version des Porsche 911 gebaut. Mit Erscheinen des Carrera 3,0 wurde er aus dem Programm genommen.
Mit DM 33.450,– war das Coupé DM 3.500,– teuerer als der 150 PS starke Basis-911.

| | |
|---|---|
| **Baureihe:** | Porsche 911 S 2.7 |
| **Modell:** | Coupé, Targa |
| **Bauzeit:** | August 1973 – Juli 1975 |
| **Motor:** | 6 Zyl. Boxer |
| **Ventile:** | Zweiventiler, 2 x 1 obenliegende Nockenwellen, V-förmig hängend |
| **ccm:** | 2687 |
| **B x H:** | 90 x 70,4 mm |
| **Leistung:** | 175 PS (129 kW) bei 5800 U/min |
| **Drehmoment:** | 235 Nm bei 4000 U/min |
| **Gemischaufb.:** | Bosch K-Jetronic |
| **Getriebe:** | 5 V, 1 R |
| **Bremsen:** | Scheiben v/h, innenbelüftet |
| **Höchstgeschw.:** | 225 km/h |
| **0–100 km/h:** | 7,6 sec. |
| **Leergewicht:** | 1075 kg, ab Aug. 1975: 1120 kg |
| **Reifen/Felgen:** | 185/70 VR 15 / 6 x 15 Zoll |
| **Radstand:** | 2271 mm |
| **Spur v/h:** | 1360/1342 mm, ab Aug. 1975: 1369/1354 mm |
| **L x B x H:** | 4291 x 1610 x 1320 mm |
| **Produktionszahl:** | 7.904 einschließlich Targa |

# Porsche 911 Carrera RS 3.0

Im Modelljahr 1974 war der zu Homologationszwecken gebaute 911 Carrera RS 3.0 der schnellste Porsche. Der in der Basisversion DM 64.980,– teuere Renner konnte für knapp DM 100.000,– von der Motorsportabteilung auch in Renn- bzw. Rallyeversion geliefert werden. Seine Leistung betrug in diesem Fall stolze 330 PS bei 8000 U/min.
Die Kotflügelverbreiterungen und der Heckflügel ähnelten bereits denen des ein Jahr später erschienenen Turbos. Karosserieteile aus Kunststoff, extrem standfeste, dem Porsche-Rennwagen 917 entliehene Bremsen und ein 110 Liter Benzintank sind ebenso weitere typische Merkmale, wie der seperate Ölbehälter der Trockensumpfschmierung mit 16 Litern Inhalt sowie ein im Bug befestigter Ölkühler.

| | |
|---|---|
| **Baureihe:** | Porsche 911 Carrera RS 3.0 |
| **Modell:** | Coupé |
| **Bauzeit:** | August 1973 – Juli 1974 |
| **Motor:** | 6 Zyl. Boxer |
| **Ventile:** | Zweiventiler, 2 x 1 obenliegende Nockenwellen, V-förmig hängend |
| **ccm:** | 2994 |
| **B x H:** | 95 x 70,4 mm |
| **Leistung:** | 230 PS (169 kW)/6200 U/min |
| **Drehmoment:** | 280 Nm bei 5000 U/min |
| **Gemischaufb.:** | Mechanische Einspritzung Bosch |
| **Getriebe:** | 5 V, 1 R |
| **Bremsen:** | Scheiben v/h, innenbelüftet |
| **Höchstgeschw.:** | 238 km/h |
| **0–100 km/h:** | 5,8 sec. |
| **Leergewicht:** | 900 kg |
| **Reifen/Felgen:** | VA: 215/60 VR 15 / 8 x 15 Zoll<br>HA: 235/60 VR 15 / 9 x 15 Zoll |
| **Radstand:** | 2271 mm |
| **Spur v/h:** | 1437/1462 mm |
| **L x B x H:** | 4235 x 1652 x 1380 mm |
| **Produktionszahl:** | 111 |

# Porsche 911 Turbo 3.0

Basierend auf dem zu Wettbewerbszwecken gebauten Carrera RSR mit Turbolader, entstand im Jahr 1974 der 911 Turbo 3.0. Kennzeichend sind der voluminöse Heckspoiler und seine Kotflügelverbreiterungen, die von Hand angebracht wurden.
Gegenüber den Saugmotoren benötigt der aufgeladene Turbo Superbenzin. USA-Kunden mußten sich mit zehn PS weniger begnügen. Zwei Pumpen versorgen den Motor mit Kraftstoff, der Verbrauch im Fahrbetrieb lag zwischen 14 und 18 Litern pro 100 Kilometer. Der Turbo wurde mit einem Vierganggetriebe ausgerüstet, das Fahrwerk erhielt neu entwickelte Querlenker vorne sowie neue Leichtmetall-Längslenker hinten. Im Zuge der Modellpflege rollte der 911 Turbo ab Modelljahr 1976 auf 50er Reifen der Größe 205/50 VR 15 vorne und 225/50 VR 15 hinten. Der ausschließlich als Coupé lieferbare Turbo kostet bei seiner Markteinführung ab August 1974 DM 65.800,–.

| | |
|---|---|
| **Baureihe:** | Porsche 911 Turbo 3.0 |
| **Modell:** | Coupé |
| **Bauzeit:** | August 1974 – Juli 1977 |
| **Motor:** | 6 Zyl. Boxer |
| **Ventile:** | Zweiventiler, 2 x 1 obenliegende Nockenwellen, V-förmig hängend |
| **ccm:** | 2994 |
| **B x H:** | 95 x 70,4 mm |
| **Leistung:** | 260 PS (191 kW)/5500 U/min |
| **Drehmoment:** | 343 Nm bei 4000 U/min |
| **Gemischaufb.:** | Bosch K-Jetronic, Abgas-Turbolader KKK 3 |
| **Getriebe:** | 4 V, 1 R |
| **Bremsen:** | Scheiben v/h, innenbelüftet |
| **Höchstgeschw.:** | 250 km/h |
| **0–100 km/h:** | 5,5 sec. |
| **Leergewicht:** | 1195 kg |
| **Reifen/Felgen:** | VA: 185/70 VR 15 / 6 x 15 Zoll<br>HA: 215/60 VR 15 / 7 x 15 Zoll |
| **Radstand:** | 2271 mm |
| **Spur v/h:** | 1438/1511 mm |
| **L x B x H:** | 4291 x 1775 x 1320 mm |
| **Produktionszahl:** | 2.873 |

# Porsche 911 Carrera 2.7

Im Gegensatz zum Carrera RS war der Carrera des Modelljahres 1974 auch als Targa erhältlich. Erkennbar war die sportliche Variante am Schriftzug sowie an der hinteren Kotflügelverbreiterung. Serienmäßig wurde der Carrera ohne Heckspoiler ausgeliefert. Der Verbrauch bei gemischtem Betrieb wurde mit 15 bis 18 Liter Normalbenzin angegeben.
Der 911 Carrera des Modelljahres 1974 kostete DM 37.980,– als Coupé – die Targaversion stand mit DM 39.980,– in der Preisliste.

| | |
|---|---|
| **Baureihe:** | Porsche 911 Carrera 2.7 |
| **Modell:** | Coupé, Targa |
| **Bauzeit:** | August 1973 – Juli 1975 |
| **Motor:** | 6 Zyl. Boxer |
| **Ventile:** | Zweiventiler, 2 x 1 obenliegende Nockenwellen, V-förmig hängend |
| **ccm:** | 2687 |
| **B x H:** | 90 x 70,4 mm |
| **Leistung:** | 210 PS (154 kW)/6300 U/min |
| **Drehmoment:** | 255 Nm bei 5100 U/min |
| **Gemischaufb.:** | Mechanische Bosch Saugrohreinspritzung |
| **Getriebe:** | 5 V, 1 R |
| **Bremsen:** | Scheiben v/h, innenbelüftet |
| **Höchstgeschw.:** | 240 km/h |
| **0–100 km/h:** | 6,3 sec. |
| **Leergewicht:** | 1020 kg, Targa 1050 kg |
| **Reifen/Felgen:** | 215/60 VR 15 / 7 x 15 Zoll |
| **Radstand:** | 2271 mm |
| **Spur v/h:** | 1372/1380 mm |
| **L x B x H:** | 4291 x 1652 x 1380 mm |
| **Produktionszahl:** | 2.184 einschließlich Targa |

# Porsche 911 Carrera 3.0

Im Modelljahr 1976 entfielen die Modelle 911 S und Carrera 2.7. Sie wurden durch den 911 Carrera 3.0 ersetzt.
Während die Vorgänger noch mit einer mechanischen Einspritzanlage ausgestattet waren, verrichtete im Carrera 3.0 eine elektrische Bosch-Einspritzanlage ihren Dienst.
Aufgrund von Lieferengpässen rüstete Porsche 123 Fahrzeuge noch mit dem 210 PS-Aggregat des Carrera 2.7 RS aus.
Wie alle Porsche ab Modelljahr 1976 erhielt auch der Carrera 3.0 eine Karosserie aus feuerverzinkten Blechen.
Der Carrera 3.0 des Modelljahres 1976 kostete als Coupé DM 44.950,–.

| | |
|---|---|
| **Baureihe:** | Porsche 911 Carrera 3.0 |
| **Modell:** | Coupé, Targa |
| **Bauzeit:** | August 1975 – Juli 1977 |
| **Motor:** | 6 Zyl. Boxer |
| **Ventile:** | Zweiventiler, 2 x 1 obenliegende Nockenwellen, V-förmig hängend |
| **ccm:** | 2994 |
| **B x H:** | 95 x 70,4 mm |
| **Leistung:** | 200 PS (147 kW)/6000 U/min |
| **Drehmoment:** | 255 Nm bei 4200 U/min |
| **Gemischaufb.:** | Bosch K-Jetronic |
| **Getriebe:** | 5 V, 1 R |
| **Bremsen:** | Scheiben v/h, innenbelüftet |
| **Höchstgeschw.:** | 230 km/h |
| **0–100 km/h:** | 6,5 sec. |
| **Leergewicht:** | 1120 kg |
| **Reifen/Felgen:** | VA: 185/70 VR 15 / 6 x 15 Zoll<br>HA: 215/60 VR 15 / 7 x 15 Zoll |
| **Radstand:** | 2271 mm |
| **Spur v/h:** | 1372/1394 mm |
| **L x B x H:** | 4291 x 1610 x 1320 mm |
| **Produktionszahl:** | 3.646 einschließlich Targa |

# Porsche 911 SC 3.0

Der 911SC glich optisch dem Carrera 3.0, an dessen Stelle er ab Modelljahr 1978 tritt. Im Modelljahr 1980 stieg die Leistung durch Optimierung des Zündsystems auf 188 PS; der Motor erhielt ein größeres, dem Turbo entnommenes Kühlgebläse. Für die thermische Standfestigkeit sorgte ein neuer Ölkühler, der im Fahrzeugbug montiert wurde. Nach DIN benötigte der 911SC des Modelljahres 1980 im Durchschnitt 10,4 Liter Normalbenzin.
Der Verkaufspreis für das 911SC Coupé betrug im August 1980 DM 49.900,–.

| | |
|---|---|
| **Baureihe:** | Porsche 911 SC 3.0 |
| **Modell:** | Coupé, Targa |
| **Bauzeit:** | August 1977 – Juli 1980 |
| **Motor:** | 6 Zyl. Boxer |
| **Ventile:** | Zweiventiler, 2 x 1 obenliegende Nockenwellen, V-förmig hängend |
| **ccm:** | 2994 |
| **B x H:** | 95 x 70,4 mm |
| **Leistung:** | 180 PS (132 kW)/5500 U/min; ab 1979 188 PS (138kW) |
| **Drehmoment:** | 265 Nm bei 4200 U/min |
| **Gemischaufb.:** | Bosch K-Jetronic |
| **Getriebe:** | 5 V, 1 R |
| **Bremsen:** | Scheiben v/h, innenbelüftet |
| **Höchstgeschw.:** | 225 km/h |
| **0–100 km/h:** | 7,0 sec. |
| **Leergewicht:** | 1160 kg, Targa 1190 kg |
| **Reifen/Felgen:** | VA: 185/70 VR 15 / 6 x 15 Zoll<br>HA: 215/60 VR 15 / 7 x 15 Zoll |
| **Radstand:** | 2271 mm |
| **Spur v/h:** | 1369/1379 mm |
| **L x B x H:** | 4291 x 1652 x 1320 mm |
| **Produktionszahl:** | 28.095 einschließlich Targa |

# Porsche 911 Turbo 3.3

Durch den Einsatz eines Lade-luftkühlers bedingt, fiel der Heckspoiler des 911 Turbo 3.3 voluminöser aus. Der Frontspoiler wurde ebenfalls neu geformt. Der gestiegenen Leistung angepaßt wurde auch Bremsscheiben aus Leichtmetall an allen Rädern. Angepaßt haben die Techniker auch die Auspuffanlage, es kam ein Zweirohrauspuff zum Einbau. Ab Modelljahr 1987 war der Turbo auch in den Karosserievarianten Cabriolet und Targa, sowie als Flachbau erhältlich. Ein Fünfganggetriebe kam erst ab 1988 zum Einsatz. In den USA war der abgasbereinigte Turbo nur mit 240 PS lieferbar, 1985 wurde er dort aus dem Programm genommen. Zuverlässigkeit und Ausgereiftheit waren stets kennzeichnend für dieses Fahrzeug. Sein überarbeiteter Nachfolger erschien erst ein Jahr später.
Von anfangs DM 78.500,– im Modelljahr 1978 stieg der Preis auf DM 135.000,– im Modelljahr 1989 an.

| | |
|---|---|
| **Baureihe:** | Porsche 911 Turbo 3.3 |
| **Modell:** | Coupé, Targa, Cabriolet |
| **Bauzeit:** | August 1977 – Juli 1989; Cabriolet und Targa August 1986 – Juli 1989 |
| **Motor:** | 6 Zyl. Boxer |
| **Ventile:** | Zweiventiler, 2 x 1 obenliegende Nockenwellen, V-förmig hängend |
| **ccm:** | 3299 |
| **B x H:** | 97 x 74,4 mm |
| **Leistung:** | 300 PS (221 kW)/5500 U/min |
| **Drehmoment:** | 412 Nm bei 4000 U/min; ab Aug. 1982 400 Nm bei 4000 U/min |
| **Gemischaufb.:** | Bosch K-Jetronic, Abgas-Turbolader KKK 3, Ladeluftkühler |
| **Getriebe:** | 4 V, 1 R, ab Aug. 88 5 V, 1 R |
| **Bremsen:** | Scheiben v/h, innenbelüftet |
| **Höchstgeschw.:** | 260 km/h |
| **0–100 km/h:** | 5,4 sec., ab 1986 5,2 sec. |
| **Leergewicht:** | 1300 kg |
| **Reifen/Felgen:** | VA: 205/55 VR 16 / 7 x 16 Zoll HA: 225/50 VR 16 / 8 x 16 Zoll, ab 1984 HA: 245/45 VR 16 / 9 x 16 Zoll |
| **Radstand:** | 2272 mm |
| **Spur v/h:** | 1432/1501 mm |
| **L x B x H:** | 4291 x 1775 x 1310 mm |

# Porsche 911 SC 3.0 (204 PS)

Durch Verdichtungserhöhung, Änderung der Steuerzeiten und Verwendung von Superbenzin leistete der 911 SC ab August 1980 204 PS. Die Leistung der USA Version betrug weiterhin 180 PS, seit 1980 wurden die Fahrzeuge dort mit einem Katalysator mit Lambda-Sonde ausgeliefert. Der Preis des 911 SC betrug im Modelljahr 1983 DM 55.650,– für das Coupé und DM 58.910,– für den Targa.

| | |
|---|---|
| **Baureihe:** | Porsche 911 SC 3.0 |
| **Modell:** | Coupé, Targa |
| **Bauzeit:** | August 1980 – Juli 1983 |
| **Motor:** | 6 Zyl. Boxer |
| **Ventile:** | Zweiventiler, 2 x 1 obenliegende Nockenwellen, V-förmig hängend |
| **ccm:** | 2994 |
| **B x H:** | 95 x 70,4 mm |
| **Leistung:** | 204 PS (150 kW)/5900 U/min |
| **Drehmoment:** | 267 Nm bei 4300 U/min |
| **Gemischaufb.:** | Bosch K-Jetronic |
| **Getriebe:** | 5 V, 1 R |
| **Bremsen:** | Scheiben v/h, innenbelüftet |
| **Höchstgeschw.:** | 235 km/h |
| **0–100 km/h:** | 6,8 sec. |
| **Leergewicht:** | 1160 kg |
| **Reifen/Felgen:** | VA: 185/70 VR 15 / 6 x 15 Zoll<br>HA: 215/60 VR 15 / 7 x 15 Zoll |
| **Radstand:** | 2271 mm |
| **Spur v/h:** | 1369/1379 mm |
| **L x B x H:** | 4291 x 1652 x 1320 mm |
| **Produktionszahl:** | 25.861 einschließlich Targa |

# Porsche 911 SC 3.0 Cabriolet

1982 folgte das von Kunden lang ersehnte 911 Cabriolet. Umfangreiche Verstärkungsmaßnahmen im Bodenbereich der Karosserie sorgten für ausreichende Steifheit. Die Verdeckkonstruktion bestand zur Hälfte aus geprägten Stahlblechprofilen, um dem Verdeck auch bei Höchstgeschwindigkeit die nötige Stabilität zu bieten. Mit einem Verkaufspreis von DM 64.500,– im Modelljahr 1983 war das Cabriolet mehr als DM 5.000,– teurer als der 911 Targa.

| | |
|---|---|
| **Baureihe:** | Porsche 911 SC 3.0 Cabriolet |
| **Modell:** | Cabriolet |
| **Bauzeit:** | September 1982 – Juli 1983 |
| **Motor:** | 6 Zyl. Boxer |
| **Ventile:** | Zweiventiler, 2 x 1 obenliegende Nockenwellen, V-förmig hängend |
| **ccm:** | 2994 |
| **B x H:** | 95 x 70,4 mm |
| **Leistung:** | 204 PS (150 kW) / 5900 U/min |
| **Drehmoment:** | 267 Nm bei 4300 U/min |
| **Gemischaufb.:** | Bosch K-Jetronic |
| **Getriebe:** | 5 V, 1 R |
| **Bremsen:** | Scheiben v/h, innenbelüftet |
| **Höchstgeschw.:** | 235 km/h |
| **0–100 km/h:** | 6,8 sec. |
| **Leergewicht:** | 1200 kg |
| **Reifen/Felgen:** | VA: 185/70 VR 15 / 6 x 15 Zoll<br>HA: 215/60 VR 15 / 7 x 15 Zoll |
| **Radstand:** | 2271 mm |
| **Spur v/h:** | 1369/1379 mm |
| **L x B x H:** | 4291 x 1652 x 1320 mm |
| **Produktionszahl:** | 4.067 |

# Porsche 911 Carrera 3.2

Zum zwanzigsten Geburtstag des 911 wurde 1983 der Carrera 3.2 präsentiert.
Das Kurbelgehäuse des Motors war verstärkt, der Hubraum wuchs auf 3,2 Liter und der verbesserte, hydraulische Kettenspanner machten den Elfer-Motor noch zuverlässiger. Durch eine überarbeitete Einspritzanlage mit Schubabschaltung konnte der Verbrauch nach DIN auf 9,8 Liter Super gesenkt werden.
Neu war die Verwendung eines Lamellenölkühler, der im vorderen rechten Kotflügel vor dem Rad eingebaut wurde, um die Öltemperatur zu senken. Das Carrera Cabriolet konnte von 1984 an auch mit einem elektrischen Verdeck georgert werden. 13 Antriebsmotoren ermöglichten das Öffnen oder Schließen des Verdecks in 20 Sekunden. Der Preis des manuellen, offenen Elfers betrug DM 68.990,–; der Aufpreis für die elektrische Verdeckbetätigung belief sich auf stolze DM 4.000,–.

| | |
|---|---|
| **Baureihe:** | Porsche 911 Carrera 3.2 |
| **Modell:** | Coupé, Targa, Cabriolet |
| **Bauzeit:** | August 1983 – Juli 1989 |
| **Motor:** | 6 Zyl. Boxer |
| **Ventile:** | Zweiventiler, 2 x 1 obenliegende Nockenwellen, V-förmig hängend |
| **ccm:** | 3164 |
| **B x H:** | 95 x 74,4 mm |
| **Leistung:** | 231 PS (170 kW)/5900 U/min |
| **Drehmoment:** | 284 Nm bei 4800 U/min |
| **Gemischaufb.:** | Digitale Motor Elektronik Bosch |
| **Getriebe:** | 5 V, 1 R |
| **Bremsen:** | Scheiben v/h, innenbelüftet |
| **Höchstgeschw.:** | 245 km/h |
| **0–100 km/h:** | 6,1 sec. |
| **Leergewicht:** | 1210 kg, Cabriolet 1230, Targa 1240 kg |
| **Reifen/Felgen:** | VA: 185/70 VR 15 / 6 x 15 Zoll<br>HA: 215/60 VR 15 / 7 x 15 Zoll |
| **Radstand:** | 2271 mm |
| **Spur v/h:** | 1372/1380 mm |
| **L x B x H:** | 4291 x 1652 x 1320 mm |

# Porsche 911 SC RS

Der nur zwanzig mal gebaute, für den Einsatz in der Gruppe B homologierte Porsche 911 SC RS wurde ausschließlich in Weiß geliefert. Der »Super«- Carrera, kurz SC, konnte unter Verwendung von Aluminium, Kunststoff und Dünnglas auf 930 Kilogramm Gewicht reduziert werden. Fahrwerkskomponenten und Bremsen wurden dem Porsche 930 entnommen.
Die Leistungssteigerung gegenüber der Serie ermöglichten ein höherer Ventilhub und Zylinderköpfe des Types 935.
In der Rallye-Version leistete der SC RS sogar 280 PS. Walter Röhrl bestritt mit diesem Typ beispielsweise die San Remo-Rallye.

| | |
|---|---|
| **Baureihe:** | Porsche 911 SC RS |
| **Modell:** | Coupé |
| **Bauzeit:** | Januar 1984 – Dezember 1984 |
| **Motor:** | 6 Zyl. Boxer |
| **Ventile:** | Zweiventiler, 2 x 1 obenliegende Nockenwellen, V-förmig hängend |
| **ccm:** | 2994 |
| **B x H:** | 95 x 70,4 mm |
| **Leistung:** | 250 PS (184 kW)/7000 U/min |
| **Drehmoment:** | 305 Nm bei 5500U/min |
| **Gemischaufb.:** | Mechanische Einspritzung Bosch |
| **Getriebe:** | 5 V, 1 R |
| **Bremsen:** | Scheiben v/h, innenbelüftet |
| **Höchstgeschw.:** | 255 km/h |
| **0–100 km/h:** | 5,0 sec. |
| **Leergewicht:** | 900 kg |
| **Reifen/Felgen:** | VA: 205/55 VR 16 / 7 x 16 Zoll<br>HA: 225/50 VR 16 / 8 x 16 Zoll |
| **Radstand:** | 2271 mm |
| **Spur v/h:** | 1369/1379 mm |
| **L x B x H:** | 4291 x 1652 x 1320 mm |
| **Produktionszahl:** | 20 |

# Porsche 911 Carrera 3.2 Kat

Aufgrund des hohen Exportanteils bei Porsche, war man schon Ende der sechziger Jahre mit den vor allen Dingen in Amerika herrschenden Abgasvorschriften konfrontiert worden. So mußten alle neu zugelassenen Fahrzeuge in Kalifornien bereits mit einem Abgaskatalysator versehen sein.
Die ursprünglich für bleifreies Normalbenzin nur 9,5 : 1 verdichtete, auf Sonderwunsch ab 1985 erhältliche USA-Version leistete 207 PS. Porsche bot seinen Kunden aber bereits ein Jahr später eine überarbeitete, entgiftete Version mit 217 PS an. Der Kraftstoffverbrauch im Drittelmix wurde mit 10,9 Liter Super bleifrei auf 100 Kilometer angegeben.

| | |
|---|---|
| **Baureihe:** | Porsche 911 Carrera 3.2 Kat |
| **Modell:** | Coupé, Targa, Cabriolet |
| **Bauzeit:** | August 1986 – Juli 1989 |
| **Motor:** | 6 Zyl. Boxer |
| **Ventile:** | Zweiventiler, 2 x 1 obenliegende Nockenwellen, V-förmig hängend |
| **ccm:** | 3164 |
| **B x H:** | 95 x 74,4 mm |
| **Leistung:** | 217 PS (160 kW)/5900 U/min |
| **Drehmoment:** | 265 Nm bei 4800 U/min |
| **Gemischaufb.:** | Digitale Motor Elektronik Bosch |
| **Getriebe:** | 5 V, 1 R |
| **Bremsen:** | Scheiben v/h, innenbelüftet |
| **Höchstgeschw.:** | 240 km/h |
| **0–100 km/h:** | 6,3 sec. |
| **Leergewicht:** | 1210 kg, Cabriolet 1230, Targa 1240 kg |
| **Reifen/Felgen:** | VA: 205/55 ZR 16 / 6 x 16 Zoll<br>HA: 225/50 ZR 16 / 8 x 16 Zoll |
| **Radstand:** | 2271 mm |
| **Spur v/h:** | 1372/1380 mm |
| **L x B x H:** | 4291 x 1652 x 1320 mm |

# Porsche 959

Im Gegensatz zum Porsche 911 wurde der 959 von einem Boxermotor mit wassergekühlten Zylinderköpfen angetrieben. Dieses, ursprünglich als Wettbewerbsmotor für Langstreckenrennen wie Le Mans konzipierte Sechszylinder-Triebwerk verfügte über zwei Turbolader mit zwei Ladeluftkühlern, vier Ventilen pro Zylinder, sowie zwei obenliegende Nockenwellen pro Zylinderkopf. Zwei Ölkühler und Trockensumpfschmierung sorgten für entsprech-ende Kühlung der Leichtmetallkolben. Über einen Antriebscomputer wurde dank Allrad die Verteilung der Kräfte pro Achse geregelt. Beim Beschleunigen verstärkt sich die Antriebskraft auf die Hinterachse, auf glattem Untergrund kann die Antriebskraft auf alle Räder nahezu gleichmäßig verteilt werden. Die Karosserie aus einer Kevlar-Außenhaut mit Deckeln und Hauben aus Aluminium ermöglichte trotz Verbreiterungen einen cW-Wert von 0,31. Der Verbrauch des DM 420.000,– teuren, auch mit Katalysator lieferbaren Wagens betrug laut Werksangabe 12,5 Liter Super. Der 959 geriet zum Technologieträger mit dem Porsche zeigte, was technisch möglich war.

| | |
|---|---|
| **Baureihe:** | Porsche 959 |
| **Modell:** | Coupé |
| **Bauzeit:** | August 1986 – Juli 1988 |
| **Motor:** | 6 Zyl. Boxer |
| **Ventile:** | Vierventiler, 2 x 2 obenliegende Nockenwellen, V-förmig hängend |
| **ccm:** | 2829 |
| **B x H:** | 95 x 67 mm |
| **Leistung:** | 450 PS (331 kW)/6500 U/min |
| **Drehmoment:** | 500 Nm bei 5500 U/min |
| **Gemischaufb.:** | Bosch Motronic, 2 Abgas Turbolader KKK, 2 Ladeluftkühler |
| **Getriebe:** | 6 V, 1 R, Allradantrieb |
| **Bremsen:** | Scheiben v/h, innenbelüftet, ABS |
| **Höchstgeschw.:** | 315 km/h |
| **0–100 km/h:** | 3,9 sec. |
| **Leergewicht:** | 1450 kg |
| **Reifen/Felgen:** | VA: 185/70 VR 15 / 6 x 15 Zoll<br>HA: 215/60 VR 15 / 7 x 15 Zoll |
| **Radstand:** | 2272 mm |
| **Spur v/h:** | 1504/1550 mm |
| **L x B x H:** | 4260 x 1840 x 1280 mm |
| **Produktionszahl:** | 288 |

# Porsche 911 Carrera Speedster

Als Homage an die Speedster der fünfziger Jahre entstand 1988 auf Basis des Cabriolets der 911 Speedster. Besonderes Kennzeichen sind die niedrige Windschutzscheibe und das manuell zu betätigende Verdeck, das unter einer Doppelhutze aus Kunststoff verborgen wird. Hinzu kamen Schlaufen als Türöffner, wie man sie vom RS her kannte und Sportschalensitze. Der nur ein Jahr gebaute Speedster kostete nach dem Motto »weniger ist mehr« DM 111.000,–. Der Aufpreis für den Katalysator betrug DM 1.575,–.

| | |
|---|---|
| **Baureihe:** | Porsche 911 Carrera Speedster |
| **Modell:** | Speedster |
| **Bauzeit:** | August 1988 – Juli 1989 |
| **Motor:** | 6 Zyl. Boxer |
| **Ventile:** | Zweiventiler, 2 x 1 obenliegende Nockenwellen, V-förmig hängend |
| **ccm:** | 3164 |
| **B x H:** | 95 x 74,4 mm |
| **Leistung:** | 231 PS (170 kW)/5900 U/min |
| **Drehmoment:** | 284 Nm bei 4800 U/min |
| **Gemischaufb.:** | Digitale Motor Elektronik Bosch |
| **Getriebe:** | 5 V, 1 R |
| **Bremsen:** | Scheiben v/h, innenbelüftet |
| **Höchstgeschw.:** | 245 km/h |
| **0–100 km/h:** | 6,1 sec. |
| **Leergewicht:** | 1220 kg |
| **Reifen/Felgen:** | VA: 185/70 VR 15 / 6 x 15 Zoll<br>HA: 215/60 VR 15 / 7 x 15 Zoll |
| **Radstand:** | 2271 mm |
| **Spur v/h:** | 1372/1380 mm |
| **L x B x H:** | 4291 x 1652 x 1220 mm |
| **Produktionszahl:** | 2.100 |

# Porsche 911 Carrera 4

| | |
|---|---|
| **Baureihe:** | Porsche 911 Carrera 4 |
| **Modell:** | Coupé, Targa, Cabriolet |
| **Bauzeit:** | August 1988 – Juli 1989, Targa, Cabriolet August 1989 – Juli 1993 |
| **Motor:** | 6 Zyl. Boxer |
| **Ventile:** | Zweiventiler, 2 x 1 obenliegende Nockenwellen, V-förmig hängend |
| **ccm:** | 3600 |
| **B x H:** | 100 x 76,4 mm |
| **Leistung:** | 250 PS (184 kW)/6100 U/min |
| **Drehmoment:** | 310 Nm bei 4800 U/min |
| **Gemischaufb.:** | Digitale Motor Elektronik Bosch, sequentielle Einspritzung |
| **Getriebe:** | 5 V, 1 R, Allradantrieb |
| **Bremsen:** | Scheiben v/h, innenbelüftet, ABS |
| **Höchstgeschw.:** | 260 km/h |
| **0–100 km/h:** | 5,7 sec. |
| **Leergewicht:** | 1450 kg |
| **Reifen/Felgen:** | VA: 205/55 ZR 16 / 6 x 16 Zoll HA: 225/50 ZR 16 / 8 x 16 Zoll |
| **Radstand:** | 2271 mm |
| **Spur v/h:** | 1380/1372 mm |
| **L x B x H:** | 4250 x 1652 x 1310 mm |

Zum 25jährigen Jubiläum des 911 wurde der allradgetriebene Carrera 4 präsentiert. Bug- und Heckteile waren wieder mehr in die Karosserie integriert. Neu ist ein automatischer Heckspoiler, der sich ab 50 km/h ausstellt. Der Hubraum wuchs auf 3,6 Liter, die Leistung für Fahrzeuge mit und ohne Katalysator war identisch. Dank des verbesserten cW-Wertes von 0,32 stieg die Fahrzeugendgeschwindigkeit auf 260 km/h, der Verbrauch nach DIN betrug 11,8 Super pro 100 Kilometer.

Nach den positiven Erfahrungen mit dem Typ 959 wurde am Fünfgang-Getriebe ein integriertes Hinterachsdifferenzial mit speziellem Verteilergetriebe für permanenten Allradantrieb installiert. Wird die Kraft im Normalfall zu 39 % auf die Vorderachse und 61 % auf die Hinterachse verteilt, so können im Falle des Durchdrehens der Räder die Kräfte variabel geändert werden, im Extremfall zu 100 Prozent auf jede Achse. Eine Lamellensperre kann über ABS-Steuerung im Falle eines durchdrehenden Rades in Sekundenbruchteilen ein Sperrmoment von über 1000 Nm aufbauen.

# Porsche 911 Carrera 2

Ein Jahr nach der Einführung des Carrera 4 erschien die heckgetriebene Version. Wie sein Allrad-Pendant war auch der Carrera 2 in allen Karosserievarianten, selbst als Speedster lieferbar. Im Gegensatz zur Allradversion konnte der Carrera 2 auch mit Tiptronic geliefert werden. Ab 1. Februar 1991 wurden alle Carrera-Versionen serienmäßig mit Airbag an Fahrer- und Beifahrer-Seite ausgerüstet. Im Modelljahr 1993 konnte optional anstelle des serienmäßigen 77 Liter-Benzintanks ein 85 Liter fassendes Behältnis geordert werden. Der Verbrauch im Drittelmix wurde mit 11,5 Litern, mit Tiptronic mit 11,4 Litern Super pro 100 Kilometer angegeben.
Bei Markteinführung kostete das Carrera 2 Coupé DM 103.500,–, die Tiptronic-Version war DM 6.000,– teurer.

| | |
|---|---|
| **Baureihe:** | Porsche 911 Carrera 2 |
| **Modell:** | Coupé, Targa, Cabriolet |
| **Bauzeit:** | August 1989 – Juli 1993 |
| **Motor:** | 6 Zyl. Boxer |
| **Ventile:** | Zweiventiler, 2 x 1 obenliegende Nockenwellen, V-förmig hängend |
| **ccm:** | 3600 |
| **B x H:** | 100 x 76,4 mm |
| **Leistung:** | 250 PS (184 kW)/6100 U/min |
| **Drehmoment:** | 310 Nm bei 4800 U/min |
| **Gemischaufb.:** | Digitale Motor Elektronik Bosch, sequentielle Einspritzung |
| **Getriebe:** | 5 V, 1 R |
| **Bremsen:** | Scheiben v/h, innenbelüftet, ABS |
| **Höchstgeschw.:** | 260 km/h |
| **0–100 km/h:** | 5,7 sec., mit Tiptronic 6,6 sec. |
| **Leergewicht:** | 1350 kg, mit Tiptronic 1380 kg |
| **Reifen/Felgen:** | VA: 205/55 ZR 16 / 6 x 16 Zoll<br>HA: 225/50 ZR 16 / 8 x 16 Zoll |
| **Radstand:** | 2271 mm |
| **Spur v/h:** | 1380/1372 mm |
| **L x B x H:** | 4250 x 1652 x 1310 mm |

# Porsche 911 Turbo (964)

Zur Einhaltung der strengen US-Abgasnormen war eine Überarbeitung des Turbomotores nötig geworden. Dies führte zu einem zeitaufwendigen Entwicklungsaufwand. Die Turbolose Zeit war ab Herbst 1990 zu Ende. Ein um 50 Prozent vergrößerter Ladeluftkühler, ein größerer Turbolader und der Einbau neuer thermisch optimierter Zylinder ließen die Leistung steigen, gleichzeitig konnten die Abgaswerte gesenkt werden. Das Fahrwerk wurde der Cup-Version des Carrera 2 entnommen, das Getriebe verstärkt. Gegenüber der Turbo-Look-Version hatte der Turbo einen Auspuff mit zwei Rohren.
Das 911-Flagschiff des Modelljahres 1992 kostet satte DM 190.250,–.

| | |
|---|---|
| **Baureihe:** | Porsche 911 Turbo |
| **Modell:** | Coupé |
| **Bauzeit:** | August 1990 – Dezember 1992 |
| **Motor:** | 6 Zyl. Boxer |
| **Ventile:** | Zweiventiler, 2 x 1 obenliegende Nockenwellen, V-förmig hängend |
| **ccm:** | 3299 |
| **B x H:** | 97 x 74,4 mm |
| **Leistung:** | 320 PS (235 kW)/5750 U/min |
| **Drehmoment:** | 450 Nm bei 4500 U/min |
| **Gemischaufb.:** | K-Jetronic |
| **Getriebe:** | 5 V, 1 R |
| **Bremsen:** | Scheiben v/h, innenbelüftet, ABS |
| **Höchstgeschw.:** | 270 km/h |
| **0–100 km/h:** | 5,0 sec. |
| **Leergewicht:** | 1470 kg |
| **Reifen/Felgen:** | VA: 205/55 ZR 17 / 7 x 17 Zoll<br>HA: 255/40 ZR 17 / 9 x 17 Zoll |
| **Radstand:** | 2271 mm |
| **Spur v/h:** | 1442/1499 mm |
| **L x B x H:** | 4250 x 1775 x 1310 mm |
| **Produktionszahl:** | 5.294 |

# Porsche 911 Turbo S

»Turbo S« nannte Porsche eine DM 295.000,– teure Sonderserie des Serienfahrzeuges. Durch Erhöhung des Ladedrucks um 0,1 bar, Änderungen der Steuerzeiten, Feinarbeit an Nockenwellen und Ansaugwegen konnte die Leistung auf 381 PS gesteigert werden.
Die Verwendung von Dünnglas und Karbon-Karosserieteilen, Verzicht auf Unterbodenschutzes und Dämmaterial, sowie der Verzicht auf Luxus führte zu einer Gewichtsreduzierung. Der nunmehr 1290 Kilogramm schwere Wagen hatte demnach auch keine Rücksitze. Faszinierend ist vor allem auch die hochwertige Verarbeitung des raren, in Weissach gebauten Flagschiffes. Liebevoll wurden zahlreiche Details wie Schalterknöpfe von hauchdünnem Leder ummantelt.

| | |
|---|---|
| **Baureihe:** | Porsche 911 Turbo S |
| **Modell:** | Coupé |
| **Bauzeit:** | August 1991 – Juli 1992 |
| **Motor:** | 6 Zyl. Boxer |
| **Ventile:** | Zweiventiler, 2 x 1 obenliegende Nockenwellen, V-förmig hängend |
| **ccm:** | 3299 |
| **B x H:** | 97 x 74,4 mm |
| **Leistung:** | 381 PS (280 kW)/6000 U/min |
| **Drehmoment:** | 490 Nm bei 4800 U/min |
| **Gemischaufb.:** | K-Jetronic |
| **Getriebe:** | 5 V, 1 R |
| **Bremsen:** | Scheiben v/h, innenbelüftet, ABS |
| **Höchstgeschw.:** | 290 km/h |
| **0–100 km/h:** | 4,6 sec. |
| **Leergewicht:** | 1290 kg |
| **Reifen/Felgen:** | VA: 235/40 ZR 18 / 8 x 18 Zoll<br>HA: 265/35 ZR 18 / 10 x 18 Zoll |
| **Radstand:** | 2271 mm |
| **Spur v/h:** | 1440/1481 mm |
| **L x B x H:** | 4250 x 1775 x 1270 mm |

# Porsche 911 Carrera RS

Auf dem Autosalon in Birmingham wurde 1990 der neue Carrera RS präsentiert. Als Basis für den Motorsport sollte er zum Stückpreis von DM 123.000,– eine größere Kundschaft ansprechen, da zur Homologation in der Gruppe N/GT 1000 Fahrzeuge nötig waren. Als Porsche eine Folgeserie auflegte, fielen die Preise des häufig zu Spekulationszwecken erworbenen RS in den Keller.
Gegenüber der Serie betrug die Gewichtsersparnis zehn Prozent. Feinarbeiten am Motor ergaben 260 PS.
Die für den Carrera Cup produzierten 113 Fahrzeuge kosteten 1992 DM 148.000,–.
Die Motorleistung betrug 275 PS. Die Fahrzeuge hatten zudem ein modifiziertes Fahrwerk mit gegossenen Magnesiumfelgen.

| | |
|---|---|
| **Baureihe:** | Porsche 911 Carrera RS |
| **Modell:** | Coupé |
| **Bauzeit:** | August 1991 – Juli 1992 |
| **Motor:** | 6 Zyl. Boxer |
| **Ventile:** | Zweiventiler, 2 x 1 obenliegende Nockenwellen, V-förmig hängend |
| **ccm:** | 3600 |
| **B x H:** | 100 x 76,4 mm |
| **Leistung:** | 260 PS (191 kW)/6100 U/min |
| **Drehmoment:** | 325 Nm bei 4800 U/min |
| **Gemischaufb.:** | Digitale Motor Elektronik Bosch, sequentielle Einspritzung |
| **Getriebe:** | 5 V, 1 R |
| **Bremsen:** | Scheiben v/h, innenbelüftet |
| **Höchstgeschw.:** | 260 km/h |
| **0–100 km/h:** | 5,3 sec. |
| **Leergewicht:** | 1220 kg |
| **Reifen/Felgen:** | VA: 205/50 ZR 17 / 7,5 x 17 Zoll<br>HA: 255/40 ZR 17 / 9 x 17 Zoll |
| **Radstand:** | 2271 mm |
| **Spur v/h:** | 1379/1380 mm |
| **L x B x H:** | 4250 x 1652 x 1310 mm |
| **Produktionszahl:** | 2.164 |

# Porsche 911 Carrera Speedster (964)

Der auf Kundenwunsch auch in der breiten Turboversion lieferbare Speedster verfügte gegenüber seinem Vorgänger vom Modelljahr 1989 über ein ausgereifteren, manuell zu bedienenden Verdeckmechanismus.
Wie bei den Ur-Speedstern der fünfziger Jahre kam ein lackiertes Instrumentenbrett zum Einsatz. Die Schalensitze aus dem Carrera RS rundeten das sportliche Erscheinungsbild ab. Der Airbag entfiel aus technischen Gründen.
Mit DM 131.500,– im Frühjahr 1993 war der Speedster exakt DM 8.457,– billiger als das Cabriolet.

| | |
|---|---|
| **Baureihe:** | Porsche 911 Carrera Speedster |
| **Modell:** | Speedster |
| **Bauzeit:** | Oktober 1992 – Dezember 1993 |
| **Motor:** | 6 Zyl. Boxer |
| **Ventile:** | Zweiventiler, 2 x 1 obenliegende Nockenwellen, V-förmig hängend |
| **ccm:** | 3600 |
| **B x H:** | 100 x 76,4 mm |
| **Leistung:** | 250 PS (184 kW)/6100 U/min |
| **Drehmoment:** | 310 Nm bei 4800 U/min |
| **Gemischaufb.:** | Digitale Motor Elektronik Bosch, sequentielle Einspritzung |
| **Getriebe:** | 5 V, 1 R |
| **Bremsen:** | Scheiben v/h, innenbelüftet |
| **Höchstgeschw.:** | 260 km/h, mit Tiptronic 256 km/h |
| **0–100 km/h:** | 5,7 sec., mit Tiptronic 6,6 sec. |
| **Leergewicht:** | 1350 kg, mit Tiptronic 1380 kg |
| **Reifen/Felgen:** | VA: 205/50 ZR 17 / 7 x 17 Zoll<br>HA: 255/40 ZR 17 / 8 x 17 Zoll |
| **Radstand:** | 2271 mm |
| **Spur v/h:** | 1380/1372 mm |
| **L x B x H:** | 4250 x 1652 x 1280 mm |
| **Produktionszahl:** | 930 |

# Porsche 911 Turbo 3.6

Auf Basis des Carrera 2/4 Motors mit 3,6 Litern Hubraum und Doppelzündung entstand der neu konzipierte 911 Turbo 3.6, der gegenüber seinem Vorgänger besonders im unteren Drehzahlbereich mit mehr Drehmoment erfreute. Geändert wurden Einspritzung und Verdichtung. Turbolader, Ladeluftkühler und Katalysatoren wurden von der 3,3 Liter-Version übernommen.
Der Kraftstoffverbrauch konnte reduziert werden, nach DIN betrug er 13,3 Liter Super pro 100 Kilometer. Der Verkaufspreis des 911 Turbo 3.6 des Modelljahrs 1993: DM 204.000,–.

| | |
|---|---|
| **Baureihe:** | Porsche 911 Turbo 3.6 |
| **Modell:** | Coupé |
| **Bauzeit:** | Januar 1993 – Dezember 1993 |
| **Motor:** | 6 Zyl. Boxer |
| **Ventile:** | Zweiventiler, 2 x 1 obenliegende Nockenwellen, V-förmig hängend |
| **ccm:** | 3600 |
| **B x H:** | 100 x 76,4 mm |
| **Leistung:** | 360 PS (265 kW)/5500 U/min |
| **Drehmoment:** | 520 Nm bei 4200 U/min |
| **Gemischaufb.:** | K-Jetronic |
| **Getriebe:** | 5 V, 1 R |
| **Bremsen:** | Scheiben v/h, innenbelüftet, ABS |
| **Höchstgeschw.:** | 280 km/h |
| **0–100 km/h:** | 4,8 sec. |
| **Leergewicht:** | 1290 kg |
| **Reifen/Felgen:** | VA: 225/40 ZR 18 / 8 x 18 Zoll<br>HA: 265/35 ZR 18 / 10 x 18 Zoll |
| **Radstand:** | 2271 mm |
| **Spur v/h:** | 1440/1506 mm |
| **L x B x H:** | 4275 x 1775 x 1290 mm |

# Porsche 911 Carrera (993)

Der im Herbst 1993 eingeführte Porsche Carrera (intern als Typ 993 bezeichnet), stellte die letzte Evolutionsstufe des luftgekühlten Boxermotors dar. Bug- und Heckpartie wurden vollständig überarbeitet. Flachere Elipsoid-Scheinwerfer und ein breiteres Heck führten zu einem niederen cW-Wert von 0,34.
Erstmals kam im 911 ein Sechsgang-Getriebe zum Einbau. Durch eine Nockenwelle mit geänderten Steuerzeiten und größere Ventile wuchs die Leistung auf 272 PS bei 6100 U/min an. Eine neue Mehrlenker-Hinterachse mit Fahrschemel ermöglichte deutlich höherer Querbeschleunigungswerte. Durch eine verstärkte und verbesserte Bremsanlage mit perforierten Bremsscheiben und einem neuen Antiblockiersystem konnte der ohnehin schon kurze Bremsweg noch einmal verbessert werden.
Bei Markteinführung im Herbst 1993 wurden für den 911 laut Preisliste DM 125.760,– fällig.

| | |
|---|---|
| **Baureihe:** | Porsche 911 Carrera (993) |
| **Modell:** | Coupé, Cabriolet |
| **Bauzeit:** | August 1993 – Juli 1995 |
| **Motor:** | 6 Zyl. Boxer |
| **Ventile:** | Zweiventiler, 2 x 1 obenliegende Nockenwellen, V-förmig hängend |
| **ccm:** | 3600 |
| **B x H:** | 100 x 76,4 mm |
| **Leistung:** | 272 PS (200 kW)/6100 U/min |
| **Drehmoment:** | 330 Nm bei 5000 U/min |
| **Gemischaufb.:** | Digitale Motor Elektronik Bosch, sequentielle Einspritzung |
| **Getriebe:** | 6 V, 1 R |
| **Bremsen:** | Scheiben v/h, innenbelüftet |
| **Höchstgeschw.:** | 270 km/h, mit Tiptronic 265 km/h |
| **0–100 km/h:** | 5,6 sec., mit Tiptronic 6,6 sec. |
| **Leergewicht:** | 1370 kg, mit Tiptronic 1395 kg |
| **Reifen/Felgen:** | VA: 205/55 ZR 16 / 7 x 16 Zoll<br>HA: 245/45 ZR 16 / 9 x 16 Zoll |
| **Radstand:** | 2271 mm |
| **Spur v/h:** | 1405/1444 mm |
| **L x B x H:** | 4245 x 1735 x 1300 mm |

# Porsche 911 Carrera 4 (993)

Aus modellpolitischen Gründen wurde die allradgetriebene Variante des 911 erst ein Jahr später angeboten. Optisch war der Carrera 4 mit dem heckgetriebenen Elfer nahezu identisch. Der neu konzeptionierte Allradantrieb führte zu optimiertem Handling und einer höhereren Fahrstabilität. Durch eine Erhöhung des Wirkungsgrades und einer Reduzierung der Leistungsverluste im Antriebsstrang konnte der vierradgetriebene Elfer auch mit besseren Beschleunigungswerten aufwarten als der Carrera 2.
Mit DM 134.340,– bei seiner Markteinführung im August 1994 war der Carrera 4 mehr als DM 8.500,– teurer als der Carrera 2.

| | |
|---|---|
| **Baureihe:** | Porsche 911 Carrera 4 (993) |
| **Modell:** | Coupé, Cabriolet |
| **Bauzeit:** | August 1994 – Juli 1995 |
| **Motor:** | 6 Zyl. Boxer |
| **Ventile:** | Zweiventiler, 2 x 1 obenliegende Nockenwellen, V-förmig hängend |
| **ccm:** | 3600 |
| **B x H:** | 100 x 76,4 mm |
| **Leistung:** | 272 PS (200 kW)/6100 U/min |
| **Drehmoment:** | 330 Nm bei 5000 U/min |
| **Gemischaufb.:** | Digitale Motor Elektronik Bosch, sequentielle Einspritzung |
| **Getriebe:** | 6 V, 1 R, Allradantrieb |
| **Bremsen:** | Scheiben v/h, innenbelüftet |
| **Höchstgeschw.:** | 270 km/h |
| **0–100 km/h:** | 5,5 sec. |
| **Leergewicht:** | 1420 kg |
| **Reifen/Felgen:** | VA: 205/55 ZR 16 / 7 x 16 Zoll<br>HA: 245/45 ZR 16 / 9 x 16 Zoll |
| **Radstand:** | 2271 mm |
| **Spur v/h:** | 1405/1444 mm |
| **L x B x H:** | 4245 x 1735 x 1300 mm |

# Porsche 911 Carrera RS (993)

Auch auf Basis des 993 war die Sportversion RS im Angebot. Die Straßenversion schlug mit DM 153.000,– zu Buche. Vom »Clubsport« entstanden nach FIA GT 2-Reglement 100 Fahrzeuge zum Stückpreis von DM 170.650,–. Durch Gewichtsreduzierung und einen mittels neuer Sauganlage (Variocam) auf 300 PS leistungsgesteigeten Motor verbesserten sich die Fahrleistungen spürbar.

| | |
|---|---|
| **Baureihe:** | Porsche 911 Carrera RS (993) |
| **Modell:** | Coupé |
| **Bauzeit:** | August 1994 – Juli 1996 |
| **Motor:** | 6 Zyl. Boxer |
| **Ventile:** | Zweiventiler, 2 x 1 obenliegende Nockenwellen, V-förmig hängend |
| **ccm:** | 3746 |
| **B x H:** | 102 x 76,4 mm |
| **Leistung:** | 300 PS (221 kW)/6500 U/min |
| **Drehmoment:** | 355 Nm bei 5400 U/min |
| **Gemischaufb.:** | Digitale Motor Elektronik Bosch, sequentielle Einspritzung |
| **Getriebe:** | 6 V, 1 R |
| **Bremsen:** | Scheiben v/h, innenbelüftet |
| **Höchstgeschw.:** | 277 km/h |
| **0–100 km/h:** | 5,0 sec. |
| **Leergewicht:** | 1270 kg |
| **Reifen/Felgen:** | VA: 225/40 ZR 18 / 8 x 18 Zoll<br>HA: 265/35 ZR 18 / 10 x 18 Zoll |
| **Radstand:** | 2271 mm |
| **Spur v/h:** | 1413/1452 mm |
| **L x B x H:** | 4245 x 1735 x 1270 mm |
| **Produktionszahl:** | 1.146 |

# Porsche 911 Turbo (993)

Durch den vom Carrera 4 übernommenen Allradantrieb zeichnete sich der mit zwei Turboladern ausgestattete Sportwagen durch wesentlich besseres Fahrverhalten, bessere Traktion und hohe Fahrstabilität aus.
Wichtigste Neuerungen des Turbos waren das Sechsganggetriebe, das permanente Abgas-Überwachungssystem sowie die in Hohlspeichentechnik gefertigten Felgen.
Der DM 219.000,– teure Sportwagen konnte zum Schluß auch in einer auf 450 PS leistungsgesteigerten Sonderserie bestellt werden.
Rund 40 dieser Fahrzeuge mit serienmäßig gelben Bremssätteln wurden in Deutschland ausgeliefert, weitere 40 Exemplare gingen ins Ausland.

| | |
|---|---|
| **Baureihe:** | Porsche 911 Turbo (993) |
| **Modell:** | Coupé |
| **Bauzeit:** | April 1995 – Februar 1998 |
| **Motor:** | 6 Zyl. Boxer |
| **Ventile:** | Zweiventiler, 2 x 1 obenliegende Nockenwellen, V-förmig hängend |
| **ccm:** | 3746 |
| **B x H:** | 100 x 76,4 mm |
| **Leistung:** | 408 PS (300 kW)/3600 U/min |
| **Drehmoment:** | 540 Nm bei 5750 U/min |
| **Gemischaufb.:** | Digitale Motor Elektronik Bosch, sequentielle Einspritzung, 2 Abgas Turbolader, Ladeluftkühler |
| **Getriebe:** | 6 V, 1 R, Allradantrieb |
| **Bremsen:** | Scheiben v/h, innenbelüftet, ABS |
| **Höchstgeschw.:** | 290 km/h |
| **0–100 km/h:** | 4,5 sec. |
| **Leergewicht:** | 1500 kg |
| **Reifen/Felgen:** | VA: 225/40 ZR 18 / 8 x 18 Zoll<br>HA: 285/30 ZR 18 / 10 x 18 Zoll |
| **Radstand:** | 2271 mm |
| **Spur v/h:** | 1411/1504 mm |
| **L x B x H:** | 4245 x 1795 x 1285 mm |

# Porsche 911 Carrera (993 - 285 PS)

Parallel zum Coupé und Cabriolet war ab November 1995 auch eine Targa-Version des Elfers erhältlich. Ließ sich das Dach bisher herausnehmen und gefaltet im Kofferraum unterbringen, so handelte es sich hierbei um eine Vollglaskonstruktion, die elektrisch betrieben im offenen Zustand quasi unter der Heckscheibe Platz fand. Die Vorteile dieser Lösung waren ein geschlossen wie offen niedriger Geräuschpegel und vor allem das unproblematische Handling. Für diese interessante Variante des Offenfahrens verlangte Porsche ab Herbst 1996 DM 145.000,–, das Cabriolet kostete DM 5.800,– mehr, das Coupé hingegen knapp DM 12.000,– weniger.

| | |
|---|---|
| **Baureihe:** | Porsche 911 Carrera (993) |
| **Modell:** | Coupé, Cabriolet, Targa |
| **Bauzeit:** | August 1995 – Juli 1997 |
| **Motor:** | 6 Zyl. Boxer |
| **Ventile:** | Zweiventiler, 2 x 1 obenliegende Nockenwellen, V-förmig hängend |
| **ccm:** | 3600 |
| **B x H:** | 100 x 76,4 mm |
| **Leistung:** | 285 PS (210 kW)/6100 U/min |
| **Drehmoment:** | 340 Nm bei 52500 U/min |
| **Gemischaufb.:** | Digitale Motor Elektronik Bosch, sequentielle Einspritzung, Variocam |
| **Getriebe:** | 6 V, 1 R |
| **Bremsen:** | Scheiben v/h, innenbelüftet |
| **Höchstgeschw.:** | 275 km/h, mit Tiptronic 270 km/h |
| **0–100 km/h:** | 5,4 sec., mit Tiptronic 6,4 sec. |
| **Leergewicht:** | 1400 kg, mit Tiptronic 1425 kg |
| **Reifen/Felgen:** | VA: 205/55 ZR 16 / 7 x 16 Zoll<br>HA: 245/45 ZR 16 / 9 x 16 Zoll |
| **Radstand:** | 2271 mm |
| **Spur v/h:** | 1405/1444 mm |
| **L x B x H:** | 4245 x 1735 x 1300 mm |

# Porsche 911 Carrera 4 (993 - 285 PS)

| | |
|---|---|
| **Baureihe:** | Porsche 911 Carrera 4 (993) |
| **Modell:** | Coupé, Cabriolet |
| **Bauzeit:** | August 1995 – Juli 1998 |
| **Motor:** | 6 Zyl. Boxer |
| **Ventile:** | Zweiventiler, 2 x 1 obenliegende Nockenwellen, V-förmig hängend |
| **ccm:** | 3600 |
| **B x H:** | 100 x 76,4 mm |
| **Leistung:** | 285 PS (210 kW)/6100 U/min |
| **Drehmoment:** | 340 Nm bei 52500 U/min |
| **Gemischaufb.:** | Digitale Motor Elektronik Bosch, sequentielle Einspritzung, Variocam |
| **Getriebe:** | 6 V, 1 R, Allradantrieb |
| **Bremsen:** | Scheiben v/h, innenbelüftet |
| **Höchstgeschw.:** | 275 km/h |
| **0–100 km/h:** | 5,3 sec. |
| **Leergewicht:** | 1400 kg |
| **Reifen/Felgen:** | VA: 205/55 ZR 16 / 7 x 16 Zoll<br>HA: 245/45 ZR 16 / 9 x 16 Zoll |
| **Radstand:** | 2271 mm |
| **Spur v/h:** | 1405/1444 mm |
| **L x B x H:** | 4245 x 1735 x 1300 mm |

Bereits ein Jahr nach Markteinführung erfuhr die Carrera-Baureihe eine Leistungssteigerung auf 285 PS bei 6100 U/min. Dies war die letzte Stufe in der langjährigen
Evolution des in mehr als 30 Jahren von zwei Liter Hubraum und 130 PS auf 3,6 Liter und 285 PS angewachsenen luftgekühlten Sechszylinders. Ermöglicht wurde diese Leistungsspritze durch das neue Varioram-Ansaugsystem, eine verbesserten Abstimmung der Motorelektronik und vergrößerte Ventile.
Erhältlich war ab Modelljahr 1996 auch eine DM 158.100,– teure Variante der Carrera 4 S, der sich optisch am 911 Turbo orientierte. Der Carrera 4 kostete zum Vergleich DM 142.000,– als Coupé.
Für Frischluft-Freunde bot Porsche das Carrera 4 Cabriolet zum Preis von DM 159.850,– an.

# Porsche 911 GT 2

Auf der Grundlage des Porsche 911 Turbo 3,6 entstand der 911 GT 2, ein gemäß internationalem Reglement gebauter Sportwagen der Extraklasse. Durch Erhöhung des Ladedrucks und eine Überarbeitung der Motronic wurde eine Leistungssteigerung um 22 PS erreicht. Geändert wurde gegenüber dem Serienturbo die Hinterachsübersetzung. Ein zweiter Front-Ölkühler sorgt für noch wirksamere Motorkühlung.
Das für den Wettbewerb abgestimmte Fahrwerk wurde um 20 Millimeter tiefer gelegt, einstellbare Stabilisatoren an beiden Achsen ermöglichten individuelle Abstimmungen.
Aufgenietete Kotflügelverbreiterungen sowie ein fester Bug- und ein verstellbarer Heckspoiler erzeugten den für die Fahrstabilität wichtigen Abtrieb. Durch den Einsatz von Aluminium-Karosserieteilen und dem bewußten Verzicht auf Komfort konnte eine Gewichtersparnis von stolzen 200 Kilogramm erreicht werden.

| | |
|---|---|
| **Baureihe:** | Porsche 911 GT 2 |
| **Modell:** | Coupé |
| **Bauzeit:** | April 1996 – Juli 1997 |
| **Motor:** | 6 Zyl. Boxer |
| **Ventile:** | Zweiventiler, 2 x 1 obenliegende Nockenwellen, V-förmig hängend |
| **ccm:** | 3746 |
| **B x H:** | 100 x 76,4 mm |
| **Leistung:** | 430 PS (316 kW)/3600 U/min |
| **Drehmoment:** | 540 Nm bei 5750 U/min |
| **Gemischaufb.:** | Digitale Motor Elektronik Bosch, sequentielle Einspritzung, 2 Abgas Turbolader, Ladeluftkühler |
| **Getriebe:** | 6 V, 1 R |
| **Bremsen:** | Scheiben v/h, innenbelüftet, ABS |
| **Höchstgeschw.:** | 295 km/h |
| **0–100 km/h:** | 4,4 sec. |
| **Leergewicht:** | 1295 kg |
| **Reifen/Felgen:** | VA: 235/40 ZR 18 / 9 x 18 Zoll<br>HA: 285/35 ZR 18 / 11 x 18 Zoll |
| **Radstand:** | 2271 mm |
| **Spur v/h:** | 1475/1550 mm |
| **L x B x H:** | 4245 x 1855 x 1270 mm |
| **Produktionszahl:** | 230 |

# Porsche 911 GT 1

Mit dem 911 GT 1 stellte das Porsche Forschungs- und Versuchszentrum in Weissach einen Supersportwagen auf die Beine, der allerdings auch einen stolzen Preis hatte: DM 1,5 Millionen konnten bisher während in der Firmengeschichte noch nie für einen straßenzugelassenen Porsche ausgegeben werden. Die fast schwindelerregenden Fahrleistungen lauten: In knapp zehn Sekunden auf 200 km/h, für den stehenden Kilometer benötigt der Bolide 20,4 Sekunden, der Benzinverbrauch beträgt laut Werk 15–29 Liter pro 100 Kilometer. Lediglich zehn Fahrzeuge fanden weltweit einen Abnehmer.

| | |
|---|---|
| **Baureihe:** | Porsche 911 GT 1 |
| **Modell:** | Coupé |
| **Bauzeit:** | 1998 |
| **Motor:** | 6 Zyl. Boxer, wassergekühlt |
| **Ventile:** | Vierventiler, 2 x 1 obenliegende Nockenwellen, V-förmig hängend |
| **ccm:** | 3164 |
| **B x H:** | 95 x 74,4 mm |
| **Leistung:** | 544 PS (400 kW)/7000 U/min |
| **Drehmoment:** | 600 Nm bei 4250 U/min |
| **Gemischaufb.:** | Einspritzung, 2 Abgas Turbolader, Ladeluftkühler |
| **Getriebe:** | 6 V, 1 R |
| **Bremsen:** | Scheiben v/h, innenbelüftet, ABS |
| **Höchstgeschw.:** | 309 km/h |
| **0–100 km/h:** | 3,7 sec. |
| **Leergewicht:** | 1325 kg |
| **Reifen/Felgen:** | VA: 295/35 ZR 18 / 11 x 18 Zoll<br>HA: 335/30 ZR 18 / 13 x 18 Zoll |
| **Radstand:** | 2500 mm |
| **Spur v/h:** | 1640/1615 mm |
| **L x B x H:** | 4790 x 1980 x 1173 mm |
| **Produktionszahl:** | rund 10 |

# Porsche 911 Carrera (996)

| | |
|---|---|
| **Baureihe:** | Porsche 911 Carrera (996) |
| **Modell:** | Coupé, Cabriolet |
| **Bauzeit:** | seit August 1997,<br>Cabriolet seit April 1998 |
| **Motor:** | 6 Zyl. Boxer, wassergekühlt |
| **Ventile:** | Vierventiler, 2 x 2 obenliegende Nockenwellen, V-förmig hängend |
| **ccm:** | 3387 |
| **B x H:** | 96 x 78 mm |
| **Leistung:** | 300 PS (221 kW)/6800 U/min |
| **Drehmoment:** | 350 Nm bei 4600 U/min |
| **Gemischaufb.:** | Digitale Motor Elektronik Bosch, sequentielle Einspritzung |
| **Getriebe:** | 6 V, 1 R |
| **Bremsen:** | Scheiben v/h, innenbelüftet, ABS |
| **Höchstgeschw.:** | 280 km/h,<br>mit Tiptronic 275 km/h |
| **0–100 km/h:** | 5,2 sec., mit Tiptronic 6,0 sec. |
| **Leergewicht:** | 1320 kg, mit Tiptronic 1365 kg,<br>Cabriolet 1395 kg |
| **Reifen/Felgen:** | VA: 205/50 ZR 16 / 7 x 17 Zoll<br>HA: 255/40 ZR 16 / 9 x 17 Zoll |
| **Radstand:** | 2350 mm |
| **Spur v/h:** | 1455/1500 mm |
| **L x B x H:** | 4430 x 1765 x 1305 mm |

Der Porsche 911 Carrera des Jahrgangs 1997 läutete eine neue 911-Ära ein, der nicht mehr alle Anhänger des Sportwagens aus Zuffenhausen folgen werden. Als vollständige Neuentwicklung galt das Herzstück des Wagens, der Boxermotor, der mit je 2 obenliegenden Nockenwellen pro Zylinderkopf, Vierventiltechnik bei reduziertem Hubraum leistungsfähiger, leiser und auch sparsamer wurde. Entscheidendes Merkmal war die Wasserkühlung des Triebwerkes, die dessen Charakter vollständig änderte. Der cW-Wert konnte sogar auf 0,30 gesenkt werden. Die überarbeitete und verbreiterte Karosserie ermöglichte einen größeren Innenraum. Das Armaturenbrett mit den klassischen Rundinstrumenten entfiel, statt dessen kamen die des Boxters zum Einbau. Der Durchschnittsverbrauch nach DIN wurde mit 10,1 Litern für das Getriebe bzw. 10,6 Litern Super Plus pro 100 Kilometer für die Tiptronic angegeben. Die geänderte Tiptronic verfügte nun über 5 Gänge. Aufgrund der größeren Leichtmetallbremsen war der Porsche nun mit 17-Zoll Felgen ausgestattet.

# Porsche 911 Carrera 4 (996)

Der auf dem Pariser Autosalon im Oktober 1998 vorgestellte Carrera 4 unterscheidet sich mit Ausnahme des Antriebs nur unwesentlich vom Carrera 2. Neu ist die Möglichkeit, den Allradantrieb mit der fünfstufigen Tiptronic zu verbinden.
Das elektronische Stabilitätsprogramm ESP greift verhältnismäßig spät ein und verhindert den »Ausbruchversuch« des Sportwagens dementsprechend relativ hart. Es gelingt dem System aber, das Auto knapp am Limit abzufangen. Optisches Unterscheidungsmerkmal sind die in Speichenoptik gehaltenen Leichtmetallräder. Der Verkaufspreis des Coupés betrug im Modelljahr 1999 DM 147.640,–, das Cabriolet kostet DM 166.160,–.

| | |
|---|---|
| **Baureihe:** | Porsche 911 Carrera 4 (996) |
| **Modell:** | Coupé, Cabriolet |
| **Bauzeit:** | seit Oktober 1998 |
| **Motor:** | 6 Zyl. Boxer, wassergekühlt |
| **Ventile:** | Vierventiler, 2 x 2 obenliegende Nockenwellen, V-förmig hängend |
| **ccm:** | 3387 |
| **B x H:** | 96 x 78 mm |
| **Leistung:** | 300 PS (221 kW)/6800 U/min |
| **Drehmoment:** | 350 Nm bei 4600 U/min |
| **Gemischaufb.:** | Digitale Motor Elektronik Bosch, sequentielle Einspritzung |
| **Getriebe:** | 6 V, 1 R, Allradantrieb |
| **Bremsen:** | Scheiben v/h, innenbelüftet |
| **Höchstgeschw.:** | 280 km/h, mit Tiptronic 275 km/h |
| **0–100 km/h:** | 5,2 sec., mit Tiptronic 6,0 sec., Cabriolet 5,4 sec. |
| **Leergewicht:** | 1375 kg, mit Tiptronic 1420 kg, Cabriolet 1450 kg |
| **Reifen/Felgen:** | VA: 205/50 ZR 16 / 7 x 17 Zoll<br>HA: 255/40 ZR 16 / 9 x 17 Zoll |
| **Radstand:** | 2350 mm |
| **Spur v/h:** | 1455/1500 mm |
| **L x B x H:** | 4430 x 1765 x 1305 mm |

# Porsche 911 GT3

Mit einer besonders sportlichen Variante ergänzt Porsche im Mai 1999 die 911-Modellreihe. Der 911 GT3 beschleunigte von 0 auf 100 km/h in 4,8 Sekunden. Diese Fahrleistungen dokumentierten das Potential, das in der Konzeption des neuen Carrera steckt.
Die Ingenieure von Porsche-Motorsport haben den Hubraum des wassergekühlten Motors von 3,4 Liter auf 3,6 erweitert. Dank zahlreicher Modifikationen und der Verwendung von Bauteilen des GT1-Triebwerks sowie des Getriebes aus dem 911 GT2 bot der GT3 360 PS. Das maximale Drehmoment betrug 370 Nm bei 5.000 U/min. Erkennungsmerkmal des 911 GT3 sind ein neues Bugteil, dezente Seitenschweller, ein feststehender Heckflügel, rote Bremssättel und neue 18 Zoll Sport Design-Räder. Gegenüber dem 911 Carrera ist der GT3 um 30 mm tiefergelegt.

| | |
|---|---|
| **Baureihe:** | Porsche 911 GT3 |
| **Modell:** | Coupé |
| **Bauzeit:** | ab Mai 1999 |
| **Motor:** | 6 Zyl. Boxer, wassergekühlt |
| **Ventile:** | Vierventiler, 2 x 2 obenliegend Nockenwellen, V-förmig hängend |
| **ccm:** | 3600 |
| **B x H:** | 100 x 76,4 mm |
| **Leistung:** | 360 PS (265 kW)/7200 U/min |
| **Drehmoment:** | 370 Nm bei 5000 U/min |
| **Gemischaufb.:** | Digitale Motor Elektronik Bosch, sequentielle Einspritzung |
| **Getriebe:** | 6 V, 1 R |
| **Bremsen:** | Scheiben v/h, innenbelüftet, ABS |
| **Höchstgeschw.:** | 302 km/h |
| **0–100 km/h:** | 4,8 sec. |
| **Leergewicht:** | 1350 kg |
| **Reifen/Felgen:** | VA: 225/40 ZR 18 / 8 x 18 Zoll<br>HA: 285/30 ZR 18 / 10 x 18 Zoll |
| **Radstand:** | 2350 mm |
| **Spur v/h:** | 1475/1495 mm |
| **L x B x H:** | 4430 x 1765 x 1270 mm |

# Porsche 911 GT3 (381 PS)

Ab März 2003 stand die zweite Generation des 911 GT3 bei den Händlern. Durch eine gezielte Drehzahlerhöhung wurde die Motorleistung bei gleichem Hubraum gegenüber dem Vorgängermodell um 21 auf 381 PS angehoben. Diese Leistungssteigerung machte auch eine Verstärkung des Getriebes erforderlich, das zudem mit einer Getriebeölkühlung und einer Spritzölschmierung versehen wurde.
Das Fahrwerk des neuen GT3 wurde einer nochmaligen Feinabstimmung unterzogen, auch die Bremsanlage wurde nochmals verbessert. Auf Wunsch gab es den GT3 auch mit Keramik-Bremsscheiben. Wie schon beim Vorgänger gab es auch vom neuen GT3 eine Clubsport-Version, mit der engagierte Fahrer mit Rennsportambitionen ohne größeres Nachrüsten an genehmigungspflichtigen Motorsport-Veranstaltungen teilnehmen konnten.

| | |
|---|---|
| **Baureihe:** | Porsche 911 GT3 |
| **Modell:** | Coupé |
| **Bauzeit:** | seit März 2003 |
| **Motor:** | 6 Zyl. Boxer, wassergekühlt |
| **Ventile:** | Vierventiler, 2 x 2 obenliegende Nockenwellen, V-förmig hängend |
| **ccm:** | 3600 |
| **B x H:** | 100 x 76,4 mm |
| **Leistung:** | 381 PS (280 kW) bei 7400 U/min |
| **Drehmoment:** | 385 Nm bei 5000 U/min |
| **Gemischaufb.:** | Digitale Motor Elektronik Bosch, sequentielle Einspritzung |
| **Getriebe:** | 6 V, 1 R |
| **Bremsen:** | Scheiben v/h, innenbelüftet, ABS |
| **Höchstgeschw.:** | 306 km/h |
| **0–100 km/h:** | 4,5 sec. |
| **Leergewicht:** | 1380 kg |
| **Reifen/Felgen:** | VA: 235/40 ZR 18 / 8,5 x 18 Zoll; HA: 295/30 ZR 18 / 11 x 18 Zoll |
| **Radstand:** | 2355 mm |
| **Spur v/h:** | 1485/1495 mm |
| **L x B x H:** | 4435 x 1770 x 1275 mm |

# Porsche 911 GT2 (462 PS)

Das Topmodell der 996-Baureihe war der 911 GT2. In nur 12,9 Sekunden wurde aus dem Stand die 200 km/h-Marke erreicht, dank seines hervorragenden Handlings hielt dieses Fahrzeug den Rundenrekord für Serienfahrzeuge auf der Nordschleife des Nürburgrings.
Sein sportliches Fahrwerk war um 20 Millimeter abgesenkt und verfügte über verstellbare Stabilisatoren sowie Verstellmöglichkeiten der Achsgeometrie.
Als erstes Serienmodell aus dem Hause Porsche verfügte der GT2 über Keramik-Bremsscheiben. Diese verringerten unter anderem die ungefederten Massen.
Optisch kam der GT2 dem 911 Turbo nahe, signifikant war sein feststehender Heckflügel. Für Motorsporteinsätze ließ sich der GT2 auch als Clubsportvariante mit festem Überrollkäfig ordern.

| | |
|---|---|
| **Baureihe:** | Porsche 911 GT2 |
| **Modell:** | Coupé |
| **Bauzeit:** | seit Februar 2001 |
| **Motor:** | 6 Zyl. Boxer, wassergekühlt |
| **Ventile:** | Vierventiler, 2 x 2 obenliegende Nockenwellen, V-förmig hängend, 2 Abgasturbolader, 2 Ladeluftkühler |
| **ccm:** | 3600 |

| | |
|---|---|
| **B x H:** | 100 x 76,4 mm |
| **Leistung:** | 462 PS (340 kW) bei 5700 U/min |
| **Drehmoment:** | 620 Nm bei 3500–4500 U/min |
| **Gemischaufb.:** | Digitale Motor Elektronik Bosch, sequentielle Einspritzung |
| **Getriebe:** | 6 V, 1 R |
| **Bremsen:** | Scheiben v/h, innenbelüftet, ABS |

| | |
|---|---|
| **Höchstgeschw.:** | 315 km/h |
| **0–100 km/h:** | 4,1 sec. |
| **Leergewicht:** | 1440 kg |
| **Reifen/Felgen:** | VA: 235/40 ZR 18 / 8,5 x 18 Zoll; HA: 315/30 ZR 18 / 12 x 18 Zoll |
| **Radstand:** | 2355 mm |
| **Spur v/h:** | 1485/1520 mm |
| **L x B x H:** | 4446 x 1830 x 1275 mm |

# Porsche Carrera GT

Dieser offene Hochleistungssportwagen, der erstmals auf dem Pariser Autosalon im Jahre 2000 vorgestellt wurde, verfügte mit seinem Mittelmotor über ein reinrassiges Renntriebwerk. Das in Monocoque-Bauweise gefertigte Chassis und der Aggregateträger bestanden aus Kohlefaser-verstärktem Kunststoff (CfK). Eine Weltneuheit präsentierte Porsche im Carrera GT mit der PCCC, einer leichten und langlebigen Keramik-Kupplung. Die gesamte Technik nebst Bremsen und Interieur wurde dem Rennsport entnommen, Karbon, Aluminium, Magnesium und hochwertiges Leder umgaben den Fahrer, der bei allem Rennwagen-Purismus auf Komfort (Klimaanlage, Navigationssystem, Bose-Soundanlage) nicht verzichten musste. Ganz im Sinne der Vorgabe an die Ingenieure: Maximaler Rennsportcharakter, aber nie zu Lasten der Alltagstauglichkeit.

| | |
|---|---|
| **Baureihe:** | Porsche Carrera GT |
| **Modell:** | Roadster |
| **Bauzeit:** | ab 2. Jahreshälfte 2003 |
| **Motor:** | V 10, wassergekühlt |
| **Ventile:** | Vierventiler, 2 x 2 obenliegende Nockenwellen, V-förmig hängend |
| **ccm:** | 5733 |
| **B x H:** | 100 x 76,4 mm |

| | | | |
|---|---|---|---|
| **Leistung:** | 612 PS (450 kW) bei 8000 U/min | **0–100 km/h:** | 3,9 sec. |
| **Drehmoment:** | 590 Nm bei 5750 U/min | **Leergewicht:** | 1380 kg |
| **Gemischaufb.:** | Digitale Motor Elektronik Bosch, sequentielle Einspritzung | **Reifen/Felgen:** | VA: 265/35 ZR 19 / 9,5 x 19 Zoll; HA: 335/30 ZR 20 / 12,5 x 20 Zoll |
| **Getriebe:** | 6 V, 1 R | **Radstand:** | 2730 mm |
| **Bremsen:** | PCCB Keramikscheiben v/h, ABS | **Spur v/h:** | 1612/1587 mm |
| **Höchstgeschw.:** | 330 km/h | **L x B x H:** | 4613 x 1921 x 1166 mm |

# Porsche 911 Turbo (996)

Drei große, dunkelverkleidete Lufteinlässe und die neu entwickelten Hauptscheinwerfer verliehen dem neuen Porsche Turbo ein unverwechselbares Gesicht, das Heck war geprägt durch den ebenfalls neu entwickelten Flügel und die Lufteinlässe für die Ladeluftkühlung. 420 PS und 560 Nm reichten für eine Beschleunigung von 0 auf 100 in 4,2 Sekunden und für eine Höchstgeschwindigkeit von 305 km/h. Damit war der Turbo zum Zeitpunkt seiner Markteinführung das schnellste aller aktuellen Porsche-Serienfahrzeuge.
VarioCam Plus hieß die um eine Ventilhub-Umschaltung erweiterte Nockenwellenverstellung, die dem Turbo zu einer besseren Leistungsausbeute bei gleichzeitig optimierten Verbrauchswerten verhalf. Der Wagen verfügte serienmäßig über Allradantrieb, seine Serienausstattung war gegenüber den Carrera-Modellen deutlich erweitert worden.

| | |
|---|---|
| **Baureihe:** | Porsche 911 Turbo (996) |
| **Modell:** | Coupé |
| **Bauzeit:** | seit August 2000 |
| **Motor:** | 6 Zyl. Boxer, wassergekühlt |
| **Ventile:** | Vierventiler, 2 x 2 obenliegende Nockenwellen, V-förmig hängend, 2 Abgasturbolader, 2 Ladeluftkühler |
| **ccm:** | 3600 |

| | | | |
|---|---|---|---|
| **B x H:** | 100 x 76,4 mm | **Höchstgeschw.:** | 305, mit Tiptronic S 298 km/h |
| **Leistung:** | 420 PS (309 kW) bei 6000 U/min | **0–100 km/h:** | 4,2, mit Tiptronic S 4,9 sec. |
| **Drehmoment:** | 560 Nm bei 2700–4600 U/min | **Leergewicht:** | 1540, mit Tiptronic S 1585 kg |
| **Gemischaufb.:** | Digitale Motor Elektronik Bosch, sequentielle Einspritzung | **Reifen/Felgen:** | VA: 225/40 R 18 / 8 x 18 Zoll; HA: 295/30 R 18 / 11 x 18 Zoll |
| **Getriebe:** | 6 V, 1 R | **Radstand:** | 2350 mm |
| **Bremsen:** | Scheiben v/h, innenbelüftet, ABS | **Spur v/h:** | 1465/1522 mm |
| | | **L x B x H:** | 4435 x 1830 x 1295 mm |

# Porsche 911 Carrera 3.6 (996)

Die zweite Carrera-Generation der Baureihe 996 unterschied sich von der vorigen durch die neu gestaltete Frontpartie mit dem vom Turbo-Modell übernommenen Scheinwerferdesign, die Bugpartie erhielt neue Lufteinlassöffnungen. Das Heck wurde nun von zwei ovalen Auspuff-Rohren geprägt.

Trotz Hubraumerhöhung und Leistungssteigerung konnten die Porsche-Ingenieure den Benzinverbrauch um rund sechs Prozent auf 11,1 Liter nach EG-Norm reduzieren, wodurch auch das Abgasverhalten verbessert wurde. Ermöglicht wurde dies unter anderem durch die auf der Einlassseite befindliche Nockenwellenverstellung mit Ventilhub-Umschaltung, VarioCam Plus genannt.

Eine deutlich verbesserte Aerodynamik und neue, gewichtsreduzierte Leichtmetallräder ließen das Modelljahr 2002 wesentlich dynamischer wirken.

| | |
|---|---|
| **Baureihe:** | Porsche 911 Carrera 3.6 (996) |
| **Modell:** | Coupé |
| **Bauzeit:** | seit August 2001 |
| **Motor:** | 6 Zyl. Boxer, wassergekühlt |
| **Ventile:** | Vierventiler, 2 x 2 obenliegende Nockenwellen, V-förmig hängend |
| **ccm:** | 3596 |
| **B x H:** | 96 x 82,8 mm |

| | |
|---|---|
| **Leistung:** | 320 PS (235 kW) bei 6800 U/min |
| **Drehmoment:** | 370 Nm bei 4250 U/min |
| **Gemischaufb.:** | Digitale Motor Elektronik Bosch, sequentielle Einspritzung |
| **Getriebe:** | 6 V, 1 R |
| **Bremsen:** | Scheiben v/h, innenbelüftet, ABS |

| | |
|---|---|
| **Höchstgeschw.:** | 285, mit Tiptronic S 280 km/h |
| **0–100 km/h:** | 5,0, mit Tiptronic S 5,5 sec. |
| **Leergewicht:** | 1370, mit Tiptronic S 1425 kg |
| **Reifen/Felgen:** | VA: 205/50 ZR 17 / 7 x 17 Zoll; HA: 255/40 ZR 17 / 9 x 17 Zoll |
| **Radstand:** | 2350 mm |
| **Spur v/h:** | 1465/1500 mm |
| **L x B x H:** | 4430 x 1770 x 1305 mm |

# Porsche 911 Carrera 4/4S 3.6 (996)

Der permanente Allradantrieb bildete den einzigen Unterschied des Carrera 4 zum Basis-Carrera. Für das Mehr an Fahrsicherheit musste unter anderem ein um dreißig Liter verkleinertes Kofferraumvolumen in Kauf genommen werden, die Visko-Lamellenkupplung saß im Vorderachsgetriebe.
Der Carrera 4S war technisch nahezu mit dem Carrera 4 identisch, lehnte sich aber optisch an den Turbo an, über dessen Fahrwerk er auch verfügte. Seine Ausstattung war hochwertiger als die des Carrera 4.
Die Preise der Allradfahrzeuge des Modelljahres 2002 betrugen DM 155.184,– für den Carrera 4 beziehungsweise DM 170.158 für den Carrera 4S. Der Carrera 4 war auch als Cabriolet zu haben.

| | |
|---|---|
| **Baureihe:** | Porsche 911 Carrera 4/4S 3.6 (996) |
| **Modell:** | Coupé |
| **Bauzeit:** | seit August 2001 |
| **Motor:** | 6 Zyl. Boxer, wassergekühlt |
| **Ventile:** | Vierventiler, 2 x 2 obenliegende Nockenwellen, V-förmig hängend |
| **ccm:** | 3596 |
| **B x H:** | 96 x 82,8 mm |
| **Leistung:** | 320 PS (235 kW) bei 6800 U/min |

| | | | |
|---|---|---|---|
| **Drehmoment:** | 370 Nm bei 4250 U/min | **Leergewicht:** | 1430/1495, mit Tiptronic 1485/1550kg |
| **Gemischaufb.:** | Digitale Motor Elektronik Bosch, sequentielle Einspritzung | **Reifen/Felgen:** | VA: 205/50 ZR 17 / 7 x 17 Zoll; HA: 255/40 ZR 17 / 9 x 17 Zoll; Carrera 4S: VA: 225/40 ZR 18 / 8 x 18 Zoll; HA: 295/30 ZR 18 / 11 x 18 Zoll |
| **Getriebe:** | 6 V, 1 R | **Radstand:** | 2350 mm |
| **Bremsen:** | Scheiben v/h, innenbelüftet, ABS | **Spur v/h:** | 1465/1500 / 1472/1528 mm |
| **Höchstgeschw.:** | 285/280, mit Tiptronic 280/275 km/h | **L x B x H:** | 4430 x 1770 x 1305 / 4435 x 1830 x 1295 mm |
| **0–100 km/h:** | 5,0/5,1, mit Tiptronic 5,5/5,6 sec. | | |

# Porsche 911 Carrera 3.6 Cabriolet (996)

Zur serienmäßigen Ausstattung dieses Klassikers gehört ein aus Aluminium gefertigtes Hardtop, das mit einer heizbaren, aus Festglas bestehenden Heckscheibe ausgerüstet ist und nur 33 Kilogramm wiegt. Das elektrische Verdeck lässt sich in nur 20 Sekunden öffnen und schließen. Dem hohen Sicherheitsstand bei Porsche entsprechend, verfügt dieses Modell über zwei Überrollbügel mit Neigungssensor, die im Falle eines Unfalles blitzartig per Federdruck ausgefahren werden. Speziell entwickelte, Cabriolet-taugliche Seitenairbags mit Kopfschutz sind serienmäßig. Offen Fahren in seiner schönsten Form kann der Kunde im Modelljahr 2002 ab DM 163.125,–, als nahezu identische Version mit Allradantrieb, aber verringertem Kofferraumvolumen, werden für das Carrera 4 Cabriolet DM 174.468,– fällig.

| | |
|---|---|
| **Baureihe:** | Porsche 911 Carrera 3.6 Cabriolet (996) |
| **Modell:** | Cabriolet |
| **Bauzeit:** | seit August 2001 |
| **Motor:** | 6 Zyl. Boxer, wassergekühlt |
| **Ventile:** | Vierventiler, 2 x 2 obenliegende Nockenwellen, V-förmig hängend |
| **ccm:** | 3596 |
| **B x H:** | 96 x 82,8 mm |

| | |
|---|---|
| **Leistung:** | 320 PS (235 kW) bei 6800 U/min |
| **Drehmoment:** | 370 Nm bei 4250 U/min |
| **Gemischaufb.:** | Digitale Motor Elektronik Bosch, sequentielle Einspritzung |
| **Getriebe:** | 6 V, 1 R |
| **Bremsen:** | Scheiben v/h, innenbelüftet, ABS |

| | |
|---|---|
| **Höchstgeschw.:** | 285 km/h, mit Tiptronic S 280 km/h |
| **0–100 km/h:** | 5,2, mit Tiptronic S 5,7 sec. |
| **Leergewicht:** | 1450, mit Tiptronic S 1505 kg |
| **Reifen/Felgen:** | VA: 205/50 ZR 17 / 7 x 17 Zoll; HA: 255/40 ZR 17 / 9 x 17 Zoll |
| **Radstand:** | 2350 mm |
| **Spur v/h:** | 1465/1500 mm |
| **L x B x H:** | 4430 x 1770 x 1305 mm |

# Porsche 911 Carrera 3.6 Targa (996)

Knapp 1,5 Quadratmeter groß war das neue Dach aus speziellem Sicherheitsglas des Carrera Targa, welches sich per Knopfdruck einen halben Meter nach hinten fahren ließ und dem Fahrer ein wenig Cabriofeeling ermöglichte. Neu war beim diesem Targa auch die klappbare Heckscheibe, die geöffnet einen bequemen Zugang zur Fond-Gepäckablage ermöglichte. Der Basispreis des neuen Targas betrug DM 159.051,–.

| | |
|---|---|
| **Baureihe:** | Porsche 911 Carrera 3.6 Targa (996) |
| **Modell:** | Targa |
| **Bauzeit:** | seit August 2001 |
| **Motor:** | 6 Zyl. Boxer, wassergekühlt |
| **Ventile:** | Vierventiler, 2 x 2 obenliegende Nockenwellen, V-förmig hängend |
| **ccm:** | 3596 |
| **B x H:** | 96 x 82,8 mm |

| | |
|---|---|
| **Leistung:** | 320 PS (235 kW) bei 6800 U/min |
| **Drehmoment:** | 370 Nm bei 4250 U/min |
| **Gemischaufb.:** | Digitale Motor Elektronik Bosch, sequentielle Einspritzung |
| **Getriebe:** | 6 V, 1 R |
| **Bremsen:** | Scheiben v/h, innenbelüftet, ABS |

| | |
|---|---|
| **Höchstgeschw.:** | 285 km/h, mit Tiptronic S 280 km/h |
| **0–100 km/h:** | 5,2, mit Tiptronic S 5,7 sec. |
| **Leergewicht:** | 1440, mit Tiptronic S 1495 kg |
| **Reifen/Felgen:** | VA: 205/50 ZR 17 / 7 x 17 Zoll; HA: 255/40 ZR 17 / 9 x 17 Zoll |
| **Radstand:** | 2350 mm |
| **Spur v/h:** | 1465/1500 mm |
| **L x B x H:** | 4430 x 1770 x 1305 mm |

# Porsche 911 Carrera 4S Cabriolet

Erstmals kam im Oktober 2003 auch ein 911 Carrera 4S als Cabriolet zu den Händlern. Technisch nahezu identisch mit dem Carrera 4 Cabriolet, lag auch beim 4S Cabriolet die Besonderheit in der optischen Anlehnung an den Turbo. Das Stoffverdeck des bei der Markteinführung 99.792,– Euro teuren Sportwagens ließ sich auch während der Fahrt bis Tempo 50 auf Knopfdruck innerhalb von 20 Sekunden öffnen oder schließen. Zur umfangreichen Serienausstattung gehörten u. a. Metallic-Lackierung, Vollederausstattung, Hardtop und Windschott. Auf Wunsch war der 911 Carrera 4S Cabriolet – ganz wie der Turbo – auch mit der Keramikbremse (Porsche Ceramic Composite Brake, PCCB) lieferbar.

| | |
|---|---|
| **Baureihe:** | Porsche 911 Carrera 4S Cabriolet |
| **Modell:** | Cabriolet |
| **Bauzeit:** | seit August 2003 |
| **Motor:** | 6 Zyl. Boxer, wassergekühlt |
| **Ventile:** | Vierventiler, 2 x 2 obenliegende Nockenwellen, V-förmig hängend |
| **ccm:** | 3596 |
| **B x H:** | 96 x 82,8 mm |
| **Leistung:** | 320 PS (235 kW) bei 6800 U/min |
| **Drehmoment:** | 370 Nm bei 4250 U/min |
| **Gemischaufb.:** | Digitale Motor Elektronik Bosch, sequentielle Einspritzung |
| **Getriebe:** | 6 V, 1 R |
| **Bremsen:** | Scheiben v/h, innenbelüftet, ABS |
| **Höchstgeschw.:** | 280 km/h (mit Schaltgetriebe) |
| **0–100 km/h:** | 5,3 sec. (mit Schaltgetriebe) |
| **Leergewicht:** | 1565 kg (mit Schaltgetriebe) |
| **Reifen/Felgen:** | VA: 225/40 ZR 18 / 8 x 18 Zoll; HA: 295/30 ZR 18 / 11 x 18 Zoll |
| **Radstand:** | 2350 mm |
| **Spur v/h:** | 1500/1528 mm |
| **L x B x H:** | 4435 x 1830 x 1295 mm |

# Porsche Boxster

Der seit 1996 produzierte Boxster, dessen Namen aus Boxer und Roadster zusammengesetzt ist, ist ein offener, zweisitziger Mittelmotor-Roadster mit wassergekühltem Boxermotor. Der vor der Hinterachse plazierte 2,5-Liter große Sechszylindermotor war eine vollständige Neuentwicklung. Dank Vierventiltechnik und niedrigem cW-Wert von 0,30 liessen sich trotz relativ hoher Liter-Leistung niedrige Verbrauchs- und Schadstoffwerte realisieren. Nach DIN beträgt der Verbrauch mit Schaltgetriebe 8,9 Liter, mit Tiptronic 9,4 Liter Super Plus pro 100 Kilometer. Der Tankinhalt beträgt 64 Liter.
Serienmäßig ist der knapp DM 80.000,– teure Sportwagen mit Front- und Seitenairbags sowie einem elektrischem Verdeck ausgestattet. Ein Hardtop ist optional erhältlich.

| | |
|---|---|
| **Baureihe:** | Porsche Boxster |
| **Modell:** | Cabriolet |
| **Bauzeit:** | August 1996 bis Juli 1999 |
| **Motor:** | 6 Zyl. Boxer, wassergekühlt |
| **Ventile:** | Vierventiler, 2 x 2 obenliegende Nockenwellen, V-förmig hängend |
| **ccm:** | 2480 |
| **B x H:** | 85,5 x 72 mm |
| **Leistung:** | 204 PS (150 kW)/6000 U/min |
| **Drehmoment:** | 245 Nm bei 4500 U/min |
| **Gemischaufb.:** | Digitale Motor Elektronik Bosch, sequentielle Einspritzung |
| **Getriebe:** | 5 V, 1 R |
| **Bremsen:** | Scheiben v/h, innenbelüftet, ABS |
| **Höchstgeschw.:** | 240 km/h, mit Tiptronic 235 km/h |
| **0–100 km/h:** | 6,9 sec., mit Tiptronic 7,6 sec. |
| **Leergewicht:** | 1259 kg, mit Tiptronic 1300 kg |
| **Reifen/Felgen:** | VA: 205/55 ZR 16 / 6 x 16 Zoll HA: 225/50 ZR 16 / 7 x 16 Zoll |
| **Radstand:** | 2415 mm |
| **Spur v/h:** | 1465/1528 mm |
| **L x B x H:** | 4315 x 1780 x 1290 mm |

# Porsche Boxster 2.7

Das schwache Drehmoment sowie das billig anmutende Interieur – beides häufige Kundenklagen – führten schon drei Jahre nach Erscheinen des Boxsters, von dem inzwischen immerhin 50.000 Exemplare gebaut worden waren, zu einer tiefgreifenden Modellpflege des Mittelmotor-Roadsters.
Dank seines vergrößerten Motors beschleunigte der Boxster im fünften Gang nun von 80 auf 120 km/h in 10,4 Sekunden, eine Änderung der Übersetzung und eine Erweiterung des nutzbaren Drehzahlbereiches führten zu deutlich mehr Fahrspaß.
Wurde das Fahrwerk unverändert von der 2,5 Liter-Version übernommen, so erhielt das Interieur des Modelljahres 2000 durch den Einsatz von Alcantarasitzen, Lederteilen und Aluminiumoptik eine Aufwertung. Cabriotaugliche Seitenairbags mit Kopfschutz sorgten auch bei offenem Dach und heruntergelassenen Scheiben für mehr Sicherheit.

| | |
|---|---|
| **Baureihe:** | Porsche Boxster |
| **Modell:** | Cabriolet |
| **Bauzeit:** | August 1999 – Juli 2002 |
| **Motor:** | 6 Zyl. Boxer, wassergekühlt |
| **Ventile:** | Vierventiler, 2 x 2 obenliegende Nockenwellen, V-förmig hängend |
| **ccm:** | 2687 |
| **B x H:** | 85,5 x 78 mm |
| **Leistung:** | 220 PS (162 kW) bei 6400 U/min |
| **Drehmoment:** | 260 Nm bei 4750 U/min |
| **Gemischaufb.:** | Digitale Motor Elektronik Bosch, sequentielle Einspritzung |
| **Getriebe:** | 5 V, 1 R |
| **Bremsen:** | Scheiben v/h, innenbelüftet, ABS |
| **Höchstgeschw.:** | 250 km/h, mit Tiptronic S 245 km/h |
| **0–100 km/h:** | 6,6, mit Tiptronic S 7,4 sec. |
| **Leergewicht:** | 1260, mit Tiptronic S 1310 kg |
| **Reifen/Felgen:** | VA: 205/55 ZR 16 / 6 x 16 Zoll; HA: 225/50 ZR 16 / 7 x 16 Zoll |
| **Radstand:** | 2415 mm |
| **Spur v/h:** | 1465/1528 mm |
| **L x B x H:** | 4315 x 1780 x 1290 mm |

# Porsche Boxster S

Der Boxster S unterscheidet sich optisch von seinem schwächerem Bruder durch ein serienmäßiges 17-Zoll-Fahrwerk, einen Doppelauspuff sowie vorne einen mittigen Lufteinlass, auf Wunsch erhältlich ist wie auch beim Boxster 2.7 ein 18-Zoll-Fahrwerk sowie ein die Bodenfreiheit reduzierendes Aerokit.
Die größeren Räder ermöglichen beim Boxster S den Einbau einer dem 911 Carrera entstammenden sehr standfesten Bremsanlage mit gelochten Bremsscheiben. Ein strafferes Fahrwerk sowie ein eigens entwickeltes Sechsganggetriebe unterstreichen den sportlichen Anspruch dieses Mittelmotor-Roadsters, der bei Markteinführung als Schaltfahrzeug DM 94.900,– und mit Tiptronic DM 99.950,– kostete. Für alle, die ihren Roadster individuell oder wertiger gestalten wollten, hielt Porsche bei Markteinführung eine 28-seitige Aufpreisliste parat.

| | |
|---|---|
| **Baureihe:** | Porsche Boxster S |
| **Modell:** | Cabriolet |
| **Bauzeit:** | August 1999 – Juli 2002 |
| **Motor:** | 6 Zyl. Boxer, wassergekühlt |
| **Ventile:** | Vierventiler, 2 x 2 obenliegende Nockenwellen, V-förmig hängend |
| **ccm:** | 3179 |
| **B x H:** | 93 x 78 mm |
| **Leistung:** | 252 PS (185 kW) bei 6250 U/min |
| **Drehmoment:** | 305 Nm bei 4500 U/min |
| **Gemischaufb.:** | Digitale Motor Elektronik Bosch, sequentielle Einspritzung |
| **Getriebe:** | 6 V, 1 R |
| **Bremsen:** | Scheiben v/h, innenbelüftet, ABS |
| **Höchstgeschw.:** | 260 km/h, mit Tiptronic S 255 km/h |
| **0–100 km/h:** | 5,9, mit Tiptronic S 6,5 sec. |
| **Leergewicht:** | 1295, mit Tiptronic S 1335 kg |
| **Reifen/Felgen:** | VA: 205/55 ZR 17 / 7 x 17 Zoll; HA: 255/40 ZR 17 / 8,5 x 17 Zoll |
| **Radstand:** | 2415 mm |
| **Spur v/h:** | 1455/1508 mm |
| **L x B x H:** | 4315 x 1780 x 1290 mm |

# Porsche Boxster 2.7 (228 PS) / S (260 PS)

Mit dem Modelljahr 2003 erblickte die zweite Boxster-Generation das Licht der Welt. Mehr Leistung, vor allem ein gesteigertes Drehmoment, und weniger Verbrauch verdankten die neuen Modelle einer neuen VarioCam-Technik. Äußerlich war der neue Boxster an den behutsam umgestalteten seitlichen Kühllufteinlässen in der Bugpartie erkennbar, deren Lamellen in Wagenfarbe lackiert waren. Ein dritter Einlass in der Mitte blieb als charakteristisches Merkmal dem Boxster S vorbehalten. Ebenfalls neu gestaltet war der Heckspoiler, das Verdeck fiel steiler ab und verfügte jetzt über eine gläserne, beheizbare Heckscheibe. Grau-weißes Blinkerglas an den Heckleuchten und neue Abgas-Endrohre (oval für den Boxster, Doppel-Rohr für den Boxster S) waren weitere Unterscheidungsmerkmale.

| | |
|---|---|
| **Baureihe:** | Porsche Boxster 2.7/S |
| **Modell:** | Cabriolet |
| **Bauzeit:** | seit August 2002 |
| **Motor:** | 6 Zyl. Boxer, wassergekühlt |
| **Ventile:** | Vierventiler, 2 x 2 obenliegende Nockenwellen, V-förmig hängend |
| **ccm:** | 2687/3179 |
| **B x H:** | 85,5 x 78 / 93 x 78 mm |
| **Leistung:** | 228/260 PS (168/191 kW) bei 6300/6200 U/min |

| | |
|---|---|
| **Drehmoment:** | 260/310 Nm bei 4700/4600 U/min |
| **Gemischaufb.:** | Digitale Motor Elektronik Bosch, sequentielle Einspritzung |
| **Getriebe:** | 5 V, 1 R / 6 V, 1 R |
| **Bremsen:** | Scheiben v/h, innenbelüftet, ABS |
| **Höchstgeschw.:** | 253/264 km/h, mit Tiptronic S 248/258 km/h |
| **0–100 km/h:** | 6,4/5,7, mit Tiptronic S 7,3/6,4 sec. |

| | |
|---|---|
| **Leergewicht:** | 1275/1320, mit Tiptronic S 1330/1360 kg |
| **Reifen/Felgen:** | VA: 205/55 ZR 16 / 6 x 16 Zoll; HA: 225/50 ZR 16 / 7 x 16 Zoll; Boxster S: VA: 205/50 ZR 17 / 7 x 17 Zoll; HA: 255/40 ZR 17 / 8,5 x 17 Zoll |
| **Radstand:** | 2415 mm |
| **Spur v/h:** | 1465/1528 / 1455/1514 mm |
| **L x B x H:** | 4320 x 1780 x 1290 mm |

# Porsche 928

Der 928 debütierte im Frühjahr 1977 und war ursprünglich als Nachfolger für den 911 gedacht, was ihm letztendlich zum Verhängnis wurde. Er wurde von der 911-Kundschaft nie akzeptiert. Wie der 924 wurde auch er in Transaxle-Bauweise konzeptioniert. Eine Neuentwicklung war der wassergekühlte V8-Motor aus Leichtmetall mit zwei obenliegenden Nockenwellen. Die auf Wunsch lieferbare Automatik ist eine Mercedes-Konstruktion. Sie kam in der S-Klasse zum Einbau. Teile der Karosserie bestanden aus Aluminium, die Karosserie wurde zum Schutz gegen Rost feuer-verzinkt. Der Verbrauch nach DIN wurde bei konstant 90 km/h mit 9,5 Litern, bei 120 km/h mit 11,9 und im Stadtverkehr mit 17,6 Litern pro 100 Kilometer angegeben. Ursprünglich war eine Jahresproduktion von 8.000 Stück geplant. Sein bestes Verkaufsergebnis erreicht der großvolumige Gran Turismo 1987 mit knapp über 5.000 verkauften Einheiten. Bei seiner Markteinführung im Juni 1977 kostete er DM 55.000,–, im Januar 1982 knapp DM 65.000,–.

| | |
|---|---|
| **Baureihe:** | Porsche 928 |
| **Modell:** | Kombi-Coupé |
| **Bauzeit:** | August 1977 – Juli 1982 |
| **Motor:** | V 8 |
| **Ventile:** | Zweiventiler, je eine obenliegende Nockenwelle, hängende Ventile |
| **ccm:** | 4474 |
| **B x H:** | 95,0 x 78,9 mm |
| **Leistung:** | 240 PS (177kW)/5250 U/min |
| **Drehmoment:** | 350 Nm bei 3600 U/min |
| **Gemischaufb.:** | Bosch K-Jetronic |
| **Getriebe:** | 5 V, 1 R; a.W. 3-Gang Automatik |
| **Bremsen:** | Scheiben v/h jeweils innenbelüftet |
| **Höchstgeschw.:** | 230 km/h; mit Automatik 225 Km/h |
| **0–100 km/h:** | 7,5 sec.; mit Automatik 8,5 sec. |
| **Leergewicht:** | 1520 kg; mit Automatik 1540 kg |
| **Reifen/Felgen:** | 225/50 VR 16 / 7 x 16 Zoll |
| **Radstand:** | 2500 mm |
| **Spur v/h:** | 1551/1530 |
| **L x B x H:** | 4447 x 1836 x 1282 mm |
| **Produktionszahl:** | 17.968 |

# Porsche 928 S

Durch eine Erhöhung der Verdichtung von 8,5 : 1 auf 10,0 : 1, eine Erhöhung des Hubraumes sowie Veränderungen im Ansaug- und Auspufftraktes stieg die Leistung auf 300 PS, was eine erhebliche Steigerung der Fahrleistungen mit sich führte. Front- und Heckspoiler sind die neuen optischen Merkmale des 928 S.
1983 wird die Leistung nochmals um zehn PS erhöht, das Interieur überarbeitet und die Ausstattung aufgewertet. Der 928 S ist als erster Porsche auf Wunsch mit ABS erhältlich, 1985 wird ABS Serienstandard. Zudem findet eine neue Vierkolben-Festsattelbremse Verwendung. Knapp zwei Drittel des 928 S werden in die USA geliefert. Dort wird die abgasbereinigte Version mit 242 PS bei 5250 U/min angeboten. Der Verkaufspreis in Deutschland betrug im August 1985 DM 100.000,–.

| | |
|---|---|
| **Baureihe:** | Porsche 928 S |
| **Modell:** | Kombi-Coupé |
| **Bauzeit:** | August 1979 – Juli 1986 |
| **Motor:** | V 8 |
| **Ventile:** | Zweiventiler, je eine obenliegende Nockenwelle, hängende Ventile |
| **ccm:** | 4664 |
| **B x H:** | 97,0 x 78,9 mm |
| **Leistung:** | 300 PS (221kW)/5900 U/min; ab 1983 310 PS (228kW) |
| **Drehmoment:** | 385 Nm bei 4500 U/min; ab 1983 400 Nm bei 4100 U/min |
| **Gemischaufb.:** | Bosch K-Jetronic; ab 1983: Bosch LH-Jetronic |
| **Getriebe:** | 5 V, 1 R; a.W. 4-Gang Automatik |
| **Bremsen:** | Scheiben v/h jeweils innenbelüftet, ab 1985 ABS Serie |
| **Höchstgeschw.:** | 250 km/h; ab 1983 255 km/h |
| **0–100 km/h:** | 6,6 sec.; ab 1983 6,2 sec. |
| **Leergewicht:** | 1520 kg; mit Automatik 1540 kg |
| **Reifen/Felgen:** | 225/50 VR 16 / 7 x 16 Zoll |
| **Radstand:** | 2500 mm |
| **Spur v/h:** | 1549/1521 |
| **L x B x H:** | 4447 x 1836 x 1282 mm |
| **Produktionszahl:** | 13.184 |

# Porsche 928 S Kat

Im Modelljahr 1986 wurde der 928 S in Deutschland mit Katalysator angeboten. Der V8-Motor hatte nun fünf Liter Hubraum sowie einen Vierventil-Zylinderkopf. Durch eine reduzierte Verdichtung war der Motor, wie schon in der USA-Version, auf den Betrieb mit bleifreiem Normalbenzin ausgelegt. Der Verkaufspreis betrug DM 109.000,–.

| | |
|---|---|
| **Baureihe:** | Porsche 928 S |
| **Modell:** | Kombi-Coupé |
| **Bauzeit:** | August 1985 – Juli 1986 |
| **Motor:** | V 8 |
| **Ventile:** | Vierventiler, je zwei obenliegende Nockenwellen, hängende Ventile |
| **ccm:** | 4957 |
| **B x H:** | 100 x 78,9 mm |
| **Leistung:** | 288 PS (235kW)/5750 U/min |
| **Drehmoment:** | 407 Nm bei 2700 U/min |
| **Gemischaufb.:** | Bosch LE-Jetronic |
| **Getriebe:** | 4-Gang Automatik |
| **Bremsen:** | Scheiben v/h jeweils innenbelüftet, ABS |
| **Höchstgeschw.:** | 245 km/h |
| **0–100 km/h:** | 7,0 sec. |
| **Leergewicht:** | 1530 kg |
| **Reifen/Felgen:** | 225/50 VR 16 / 7 x 16 Zoll |
| **Radstand:** | 2500 mm |
| **Spur v/h:** | 1549/1521 |
| **L x B x H:** | 4447 x 1836 x 1282 mm |
| **Produktionszahl:** | 4.250 |

# Porsche 928 S4

1986 erfuhr der 928 nach neunjähriger Produktionszeit eine gründliche Überarbeitung. Die Karosserie gestalten die Designer ausgereifter. Dadurch konnte der cW-Wert gegenüber dem Vorgänger von 0,38 auf 0,34 reduziert werden. Unter der Haube kommt der Fünfliter-Vierventilmotor zum Einsatz, der schon seit 1985 in der Katalysator-Version angeboten wurde. Er verfügte jedoch über einen modifizierten Zylinderkopf mit zusätzlichen Einlaß-Nockenwellen, was eine Leistungssteigerung auf 320 PS bewirkte. Anfangs war der 928 S4 bei identischer Leistung auch ohne Katalysator im Angebot.
Im Sommer 1986 kostete er DM 121.400,–, ab 1989 war der 928 S4 nur mit Automatik lieferbar. Gegen Produktionsende stieg der Preis auf DM 151.880,– an.

| | |
|---|---|
| **Baureihe:** | Porsche 928 S4 |
| **Modell:** | Kombi-Coupé |
| **Bauzeit:** | August 1986 – November 1991 |
| **Motor:** | V 8 |
| **Ventile:** | Vierventiler, je zwei obenliegende Nockenwellen, hängende Ventile |
| **ccm:** | 4957 |
| **B x H:** | 100 x 78,9 mm |
| **Leistung:** | 320 PS (235kW)/6000 U/min |
| **Drehmoment:** | 430 Nm bei 3000 U/min |
| **Gemischaufb.:** | Bosch LE-Jetronic |
| **Getriebe:** | 5 V, 1 R; a.W. 4-Gang Automatik |
| **Bremsen:** | Scheiben v/h jeweils innenbelüftet, ABS |
| **Höchstgeschw.:** | 270 km/h |
| **0–100 km/h:** | 5,9 sec. |
| **Leergewicht:** | 1530 kg |
| **Reifen/Felgen:** | VA: 225/50 VR 16 / 7 x 16 Zoll<br>HA: 245/45 VR 16 / 8 x 16 Zoll |
| **Radstand:** | 2500 mm |
| **Spur v/h:** | 1551/1546 |
| **L x B x H:** | 4520 x 1836 x 1282 mm |
| **Produktionszahl:** | 18.994 |

# Porsche 928 GT

Eine geringfügig um zehn PS gesteigerte Leistung, ein strafferes Fahrwerk und breitere Räder waren die Merkmale dieses ausschließlich mit Schaltgetriebe lieferbaren Gran Turismo. Im Preis war der parallel zum 928 S4 produzierte GT identisch.

| | |
|---|---|
| **Baureihe:** | Porsche 928 GT |
| **Modell:** | Kombi-Coupé |
| **Bauzeit:** | August 1989 – November 1991 |
| **Motor:** | V 8 |
| **Ventile:** | Vierventiler, je zwei obenliegende Nockenwellen, hängende Ventile |
| **ccm:** | 4957 |
| **B x H:** | 100 x 78,9 mm |
| **Leistung:** | 330 PS (243kW)/6200 U/min |
| **Drehmoment:** | 430 Nm bei 4100 U/min |
| **Gemischaufb.:** | Bosch LE-Jetronic |
| **Getriebe:** | 5 V, 1 R |
| **Bremsen:** | Scheiben v/h jeweils innenbelüftet, ABS |
| **Höchstgeschw.:** | 275 km/h |
| **0–100 km/h:** | 5,8 sec. |
| **Leergewicht:** | 1580 kg |
| **Reifen/Felgen:** | VA: 225/50 ZR 16 / 7,5 x 16 Zoll<br>HA: 245/45 ZR 16 / 9 x 16 Zoll |
| **Radstand:** | 2500 mm |
| **Spur v/h:** | 1551/1615 |
| **L x B x H:** | 4520 x 1890 x 1282 mm |

# Porsche 928 GTS

Nach 14 Jahren Produktionszeit war der auf der IAA 1991 vorgestellte 928 GTS mit 5,4 Litern Hubraum der größte und schwerste bis dahin gebaute Porsche. Sein Drehmoment und seine Leistung stellten sogar fast den aktuellen 911 Turbo in den Schatten. Mit einer Höchstgeschwindigkeit von 275 km/h war der V 8 nach dem 959 der zweitschnellste Porsche-Seriensportwagen, mit einem Preis von DM 156.000,– war er 1991 fast dreimal so teuer wie der erste Porsche 928 von 1977.
Sein Motor war aus Aluminium, das Fahrwerk legten die Ingenieure bewußt sportlich aus. Gegenüber seinen Vorgängern unterschied sich der GTS durch leichte Kotflügelverbreiterungen. Dieser Schritt ermöglichte die Aufnahme der neun Zoll breiten Reifen an der Hinterachse. Das markante Heck unter-strich der in die Heckleuchten integrierte Porsche-Schriftzug.

| | |
|---|---|
| **Baureihe:** | Porsche 928 GTS |
| **Modell:** | Kombi-Coupé |
| **Bauzeit:** | August 1991 – Juli 1995 |
| **Motor:** | V 8 |
| **Ventile:** | Vierventiler, je zwei obenliegende Nockenwellen, hängende Ventile |
| **ccm:** | 5397 |
| **B x H:** | 100 x 85,9 mm |
| **Leistung:** | 350 PS (257kW)/5700 U/min |
| **Drehmoment:** | 500 Nm bei 4250 U/min |
| **Gemischaufb.:** | Bosch LE-Jetronic |
| **Getriebe:** | 5 V, 1 R; a.W. 4-Gang Automatik |
| **Bremsen:** | Scheiben v/h jeweils innenbelüftet, ABS |
| **Höchstgeschw.:** | 275 km/h |
| **0–100 km/h:** | 5,7 sec. |
| **Leergewicht:** | 1620 kg |
| **Reifen/Felgen:** | VA: 225/45 ZR 17 / 7,5 x 17 Zoll<br>HA: 255/40 ZR 17 / 9 x 17 Zoll |
| **Radstand:** | 2500 mm |
| **Spur v/h:** | 1551/1615 |
| **L x B x H:** | 4520 x 1890 x 1282 mm |

# Porsche Cayenne S

Im Modelljahr 2003 schickte sich Porsche an, ein völlig neues Terrain zu erobern. Mit dem Cayenne präsentierten die Sportwagenbauer ein echtes Sport Utility Vehicle, ein geländegängiges Fahrzeug mit 5 Sitzplätzen, einem Kofferraumvolumen von 540 bis 1770 Litern und einer zulässigen Anhängelast von 3500 kg. Und doch war, darein hatten die Ingenieure ihren ganzen Ehrgeiz gesetzt, dieser Wagen auf der Straße in Sachen Dynamik, Handling und Fahrsicherheit ein echter Porsche. Auch im Design war der Cayenne (zumindest von vorn) auf den ersten Blick als Zuffenhausener Spross erkennbar. Den 60.204,– EUR teuren Cayenne S gab es bei seiner Einführung zunächst nur mit der aufpreispflichtigen 6-Gang-Tiptronic S, das serienmäßige Sechsgang-Schaltgetriebe sollte erst ein gutes Jahr später erhältlich sein.

| | |
|---|---|
| **Baureihe:** | Porsche Cayenne S |
| **Modell:** | Sport Utility Vehicle (SUV) |
| **Bauzeit:** | seit August 2002 |
| **Motor:** | V8, wassergekühlt |
| **Ventile:** | Vierventiler, 2 x 2 obenliegende Nockenwellen, V-förmig hängend |
| **ccm:** | 4511 |
| **B x H:** | 93 x 83 mm |

| | |
|---|---|
| **Leistung:** | 340 PS (250 kW) bei 6000 U/min |
| **Drehmoment:** | 420 Nm bei 2500-5500 U/min |
| **Gemischaufb.:** | Digitale Motor Elektronik Bosch, sequentielle Einspritzung |
| **Getriebe:** | 6 V, 1 R |
| **Bremsen:** | Scheiben v/h, innenbelüftet, ABS |
| **Höchstgeschw.:** | mit Tiptronic S 242 km/h |
| **0–100 km/h:** | mit Tiptronic S 7,2 sec. |
| **Leergewicht:** | mit Tiptronic S 2245 kg |
| **Max. Anhängelast:** | 3500 kg |
| **Reifen/Felgen:** | rundum 255/55 R 18 / 8 x 18 Zoll |
| **Radstand:** | 2855 mm |
| **Spur v/h:** | 1647/1662 mm |
| **L x B x H:** | 4782 x 1928 x 1699 mm |

# Porsche Cayenne Turbo

Nicht nur in den Fahrleistungen übertraf der Cayenne Turbo den Cayenne S deutlich. Auch die serienmäßige Ausstattung war erheblich umfangreicher als beim Basismodell. So gehörte beim 99.876,– Euro teuren Turbo beispielsweise die neu entwickelte Sechsgang-Tiptronic S ab Werk dazu, ebenso die Luftfederung mit automatischer Fahrzeugabsenkung bei zunehmender Geschwindigkeit und Bi-Xenon-Scheinwerfer mit dem von Porsche in diesem Fahrzeug erstmals als Serienausstattung präsentierten geregelten Kurvenlicht. Im Innenraum zählten zur Mehrausstattung gegenüber dem Basismodell unter anderem ein elektrisch verstell- und beheizbares Lenkrad, elektrisch verstellbare Komfortsitze mit Memory-Funktion und Sitzheizung vorn, beheizbare Fondsitze und ein Porsche Communication Management mit Navigationsmodul.

| | |
|---|---|
| **Baureihe:** | Porsche Cayenne Turbo |
| **Modell:** | Sport Utility Vehicle (SUV) |
| **Bauzeit:** | seit August 2002 |
| **Motor:** | V8, wassergekühlt |
| **Ventile:** | Vierventiler, 2 x 2 obenliegende Nockenwellen, V-förmig hängend, 2 Abgasturbolader, 2 Ladeluftkühler |
| **ccm:** | 4511 |
| **B x H:** | 93 x 83 mm |

| | |
|---|---|
| **Leistung:** | 450 PS (331 kW) bei 6000 U/min |
| **Drehmoment:** | 620 Nm bei 2250–4750 U/min |
| **Gemischaufb.:** | Digitale Motor Elektronik Bosch, sequentielle Einspritzung |
| **Getriebe:** | Tiptronic S mit 6 V, 1 R |
| **Bremsen:** | Scheiben v/h, innenbelüftet, ABS |

| | |
|---|---|
| **Höchstgeschw.:** | 266 km/h |
| **0–100 km/h:** | 5,6 sec. |
| **Leergewicht:** | 2355 kg |
| **Max. Anhängelast:** | 3500 kg |
| **Reifen/Felgen:** | rundum 255/55 R 18 / 8 x 18 Zoll |
| **Radstand:** | 2855 mm |
| **Spur v/h:** | 1647/1662 mm |
| **L x B x H:** | 4786 x 1928 x 1699 mm |